JN093860

豊かな部落史の学びのために

DVDシリーズ
「映像でみる人権の歴史」
公式ガイドブック

［編著］
上杉聰・外川正明
［著］
岡本健・武田純子

解放出版社

はじめに

上杉　聰

小中学校の教科書からすべて「士農工商えた非人」という図式が消え去りました。部落の歴史は今、大きく新しく書き換えられつつあります。しかし、差別だけは残り続けています。そんなとき、これからどのように歴史を踏まえて人権教育や啓発活動を進めたら良いのかを考え、作成したのがこのDVDシリーズ「映像でみる人権の歴史」です。

DVDシリーズを作成するため私たち監修者は、改めてかなり勉強をしました。未来を支える子どもたちや社会人へ、いったい今何を伝えるべきか、責任がとても大きいからです。

そして私たちのこれまで蓄積してきた歴史学や教育学の知識では、はなはだ不十分だったからです。

ただ、責任をもって作るDVDである以上、子どもたちや大人たちの心にいつまでも残る良い映像を提供したいと考え、かなり努力をしました。採算を度外視した面もあります。しかし、東映のご協力によって、一般よりはるかに安価に抑えることができました。さらに嬉しいのは、おかげで全巻を合わせると、すでに七〇〇〇本近くが様々な啓発や教育の現場へと手渡されたということです。

でも、このDVDシリーズがまだ届いていない所はたくさんあります。そして「どのように啓発や教育の現場で使えばよいか」を、考えておられる方も多いと思います。

当ブックレットは、このDVDシリーズをさらに広く人々に知っていただきながら、改めて深くその使用方法を提案します。これを観て、大人や子どもからどんな反応があがったか、また、その反応にどう答えたかなど、今後の活用のヒントとなるアイデアをたくさん、現場の教員の方々に加わっていただき、座談会で話し合いました。それがこの本の中心となります。そして、教科書とからませながら、もっと多様な使い方がないかとも考えました。

これからの時代を「豊かな人権の時代」とするため、DVDシリーズに寄せたこの私たちの小さな力に、どうかご注目くださり、皆さまのご参考にしていただければ幸いです。

お断り　本書が取り上げた各巻の順序は、基本的に各巻が内容的に取り扱った年代の順にしましたが、DVD制作の都合から、取り扱う時代順より早めに作られた巻（第6巻）もあります。また巻によっては、大変長い期間を取り扱ったもの（第8・9巻）もあります。そのため、本書の章立てに、巻数との間にかなりのずれが生じていることを、どうかご容赦ください。

目次

追記　シリーズ全一〇巻のうち、半数にあたる五巻（第1、4、8、9、10巻）が優秀教材選奨（主催：一般財団法人日本視聴覚教育協会）において各年度の「優秀作品賞」をいただく栄誉を受けましたこと、深く深謝するとともにご報告させていただきます。

豊かな部落史の学びのために

―ＤＶＤシリーズ「映像でみる人権の歴史」公式ガイドブック―

上杉聰／外川正明／岡本健／武田純子

1 『シリーズ映像でみる人権の歴史』DVDの制作意図

■部落史像の積極的な立て直しを…………………………

外川　二〇一二年に「部落史の授業に活用できるDVDを作らないか」と上杉聰さんからお話をいただいたとき、小学校教員であったかつて私の立場から、実は反対しました。それまで、一人ひとりの子どもの反応を考えながら、自分たち現場の教員で動画を作ったり、写真資料を用意したりしてきた経験から、単にDVDを観るだけで授業時間が終わってしまうのではないかと思ったからです。

そう返答すると上杉さんは、「おっしゃることはわかる。しかし、同和対策事業特別措置法以来の部落問題解決のための法律が二〇〇二年に期限切れを迎えてもう一〇年になる。この間、部落史の研究者は、とくに歴史教育の現場へ向けて、『このように授業や啓発の内容を組み立ててはどうか』という明確な方向性を積極的に打ち出せてこなかった。たとえば『起源』がどこにあるか、かつての説は崩れつつある。しかし、まだ混乱している状態だ。『士農工商穢多非人』という間違った図式への疑問が広がったのも良いが、議論だけあって、新しい方向性を打ち出せていない。そのため、むしろ部落問題学習に取り組む学校がどんどん少なくなってきている状態だ。この『空白の一〇年』を埋めて、積極的に部落史像を作り上げることが、部落史研究者である私の責任だと思っている。広く学校教育や社会啓発の場から信頼されるものにしたい。そのためには、教育者との共同制作が必要。ぜひ一緒に監修をしてほしい」と言われました。

当時、私は大学で教えていたのですが、学校現場へ行くたびに教員は多忙化し、時間の余裕もなく、そこからくる連携不足もあって、教員が自主的に部落問題学習の教材を作成できる現状にないことも知っていましたから、そう言われて「わかりました。やりましょう」とお返事し、制作が始まりました。

■シリーズの特徴…………………………

外川　DVDシリーズの特徴をいくつかあげておきたいと思

います。

一つは教科書に準拠する形をとっていることです。いまの教科書にある、部落問題にかかわる八カ所の記述に対応させています。しかも学校では入手できない、一般では撮影が難しいものなど、貴重な映像と資料をふんだんに用い、上杉さんによる詳しい専門的な歴史解説と私の授業展開例を、文字データで加えました。

また、小学校の授業時間は一コマ四五分、中学校は五〇分なので、上映時間も一五～二〇分とし、その前後に必ず説明や話し合いができるように配慮しました。

それから、小学生版と中学生以上版（社会人をふくむ）を作りました。映像は同じですがナレーションを少し変え、小学生版では教科書にしたがって賤称語を一切使わず、中学生以上版では、より詳しく学ぶために賤称語も使用しています。

価格の面では、貴重な資料を使用したために、かなり出費しましたが、東映株式会社に無理を言って通常の価格に抑えてもらい、さらに学校で使用する場合は特別価格ということで、二万円以下の値段で提供することができるようにしました。

上杉　制作の上で私が徹底的にこだわったのは、学校で子どもたちの教育にも使うものだから、「絶対に嘘をつかない」ということでした。日本軍「慰安婦」の問題などでは、不用意な記述のある著作がやり玉にあげられ、その問題そのものが批判されるような展開になりました。同じようなことを、部落問題では絶対にしないし、させない、という気持ちが心の一番底に強くありました。ですから、わからない場合は徹底的に事実を調べ、信頼できることだけを載せました。そのため、ＤＶＤ制作に向けて一から資料をすべて読み直す場合さえありました。その結果、人権問題を取り上げることに反対している勢力からも今は「評価」（笑）されているような有様です。

そして、これは外川さんともすごく一致したところですが、偏見や差別を乗越える、前向きなプラス面のある事象を各巻に必ず織り込み、当事者の子どもたちはもちろん、すべての人たちが、人権を前進させる方向性に意欲が持てる構成にする努力をしたことです。観た人たちが新しい事実を知り、それに励まされ、「観て良かった」「良い学びになった」と思ってもらえる充実した内容にするよう、全力を尽くしました……だから、疲れました。（笑）

2 東山文化と中世の庭造り
――「東山文化を支えた『差別された人々』」（第1巻）

外川　小中高の歴史の教科書で、最初に部落問題が出てくるのが、東山文化のところです。差別された人々が、銀閣寺や龍安寺の庭園造りに貢献したことは、ほとんどの教科書で述べられています。これが歴史の出発ですね。このように、今の教科書での部落の歴史学習は、中世を入り口にしており、現代が出口になります。以前は、近世（江戸時代）から始まりました。しかし、部落の「起源」そのものが中世へと変わり、歴史の流れ全体が大きく変わったのです。

それに応える形で、このDVDシリーズ「映像でみる人権の歴史」の第1巻「東山文化を支えた『差別された人々』」を上杉さんと一緒に作り始めたのが二〇一二年のことでした。現場の教員としては、この第1巻をご覧なって、どんなご感想をお持ちになられましたか？

■**差別される人のはじまり**……………………………

岡本　守口市立守口小学校に勤めている岡本健と言います。教職員歴は一五年です。今は、校内の人権教育担当と、守口市人権教育研究協議会の事務局次長をしています。

歴史的に見れば、もう少し前の時代から部落差別の歴史はあると思うんですが、教科書では、ここで初めて差別された人々の存在について取り扱うため、教室で「いったいどういう人が差別されたのか」っていうところを、まず子どもたちとともに押えておきたいですよね。

子どもたちは、「差別」について、これまでにいろんな人権課題を通して学習していると思うんです。ではこの時代に、どんな人たちが差別されたのか、その人たちはどういう人たちだったのかっていうことを、子どもたちがしっかりと確認できる場面が必要ですよね。でも、教科書だけでそれを進めるのは難しい部分があります。子どもたちに問いかけて考えていくのもいいかもしれないですけど、知識が少ない中で進めていくのは難しい面もあります。

DVDでは、その背景についての詳しい説明があって、当時の戦乱や災害で、元のところに住めなくなった人々がいたということ、ここをまず押えていますよね。そういった困難から逃れた人々が、河原などに集まる。その河原は、無税で税金がかからない土地でもあったという説明から、避難してきた人々が生きるために住み始めたことがわかります。

しかし、やがて税金を取らない代わりに、その避難民に、当時「こわい」「汚い」と思われていた処刑や清掃などの仕事をさせるようになります。そのことで、彼らが今度は「差別される人」になっていくというふうに説明しています。子どもたちとそれを確認できる点が、このＤＶＤでは、すごくわかりやすくて、いいなって思いました。

もちろん財産を失って逃れてきたという困難を抱える人たちは、清掃などの仕事だけで、生活するだけのお金を得られませんから、差別に負けずにいろんな仕事に向き合っていった。そこに庭園の話が出てくると思うんですね。

けれど、それはとても重労働で、今であればトラックで運んでくるような大きな木や岩を、遠方から人力で持ってくるなど、たいへんな仕事だった。でも、その人たちの技術や仕事を高く評価する人がいた。そこに将軍足利義政の話が出てくる。厳しい現場で働く人とともに、その彼らを高く評価する人がもしいなかったら、東山文化やその代表とも言える銀閣の庭園などに、私たちが出会うことがなかったかもしれない。もちろん世界中の人々が日本の庭園を見ても、心を動かされるようなことはなかったと言えますよね。だからこそ今と関連づけてそこへ至るまで、当時どんなことがあったかを、子どもたちと一緒に考えていきたいと、すごく思いました。

外川正明（とがわ・まさあき）

■差別する意識のはじまり

岡本　ここで、差別する立場と差別される立場が、はっきりと出てくる。だからこそ、立場を乗り越えて差別しなかった人がいたこと。また差別された人も、差別に負けずに自分の技術を磨いていったこと。その結果として、素晴らしい「東山文化が生まれた」という点を、押さえることは大事な点だと思うんです。

この後の時代も、いろいろと差別が変化してあらわれてくるわけですが、この時代の差別は、まだ法や制度を使ってまで厳しく差別するような段階ではなかった。だからこそ、差別を乗り超えて文化が発展したという面もあったんじゃないかなと、DVDを見て思いました。そこからこの後の時代では「差別や文化はどうなっていくんだろう」といった問いを、これから学んでいく部落史の入り口にしたいなと考えました。

岡本健（おかもと・たける）

外川　子どもたちは、差別された人が登場することに対し、何で差別されたのかって、当然思うし、そこをどう解決していくかが、一つの大きなテーマになりますね。

中学校には、差別の理由づけとして、ケガレというものが突然ボーンと出てくる教科書もありますが、それをいったいどう子どもたちが理解できるか、難しいと思うのですね。中学校の現場では、どういうふうに説明をされました？

武田　富田林市立金剛中学校に勤めています。社会科を担当しているわけではなく、数学科の教員なのですが、教員になりたてのころに同和教育推進校に赴任し、九年間そこで勤め、別の学校に転勤したとき、「この子たちが、前任校にいた被差別部落出身の子どもたちを差別するような子に育ってほしくない」という思いを強く抱いたことから、人権教育を大切と思うようになりました。

今は担任を持っておらず、首席（職位）、学習指導部長、人権担当という立場で、一年間の取り組みや人権学習などの実施計画の立案や、他の教員への助言をしたりしています。

うちの金剛中学校には和太鼓部があるんです。だから、太鼓を叩くとか、太鼓を叩いている姿を見るっていうのは、もう日常当たり前のことで、部活動の時間になると、太鼓の音が

『天狗草紙』(1296年ごろ)

鳴り響いているような学校なので、部落問題学習をするときの授業の入り口も太鼓にしています。その太鼓を作った人が、なんで、そうやって差別をされるようなことになったのか、っていう感じで、皮革とケガレの歴史の中に入っていきます。

人権学習の中では、少し広く歴史をなぞって、子どもたちをその時代の中にいるような気持ちにさせながら、たとえば街ができる、そのコミュニティの中にいる人とそこに入っていない人がいる——河原にいる人は、そういったコミュニティの中にいない人、としてまずしっかりイメージさせたい。

そこで、DVDに出てきている、『天狗草紙』の絵〈写真〉を見せてイメージさせながら、もし自分がコミュニティの中にいて、「ちょっと自分の生活とはちゃうなぁ。わぁ、鳥をつかまえて殺してる」というコミュニティの外の人たちを見たとき、「自分なら、どう感じる?」「そこに飛び込んで、その時代に入り込んだら、どう感じる?」っていうことを問いかけました。すると、「なんか怖いな」とか、「なんか近寄って大丈夫かなぁ」とか、後ろ向きな言葉もいっぱい出てきました。だけど、その「違和感」は、きっと子どもたちの中にある差別意識の元でもあるだろうし、そういうものを、「あ、自分の持ってるこの感情が、差別なのかもしれない」っていう、自分の中の差別意識に気づけるような持っていき方をしたいな、とずっと思ってやっています。

ケガレ意識については、すごく難しいというか、ケガレ意識があるから差別が生まれた、という考えに私は疑問があるし、むしろその前のどこかに、「自分らの中にもあるよなあ」という「自分の中の差別意識」に気づかせたいと思っています。

■本当にケガレが差別を生んだのか……………………

外川　二〇年ほど前に私が『部落史に学ぶ』（解放出版社）を出したころには、網野善彦さんの「畏怖・畏敬」っていう考え方にすごく影響されてました。私は京都にいましたから、網野さんの考えに加えて、地元の横井清さんの本を読んで、「ケガレによって差別された」って考えていました。でもその後、「もしケガレが差別される理由なら、出血したら全員がケガレた人になってしまう」とか、「本当に畏怖・畏敬という見方をしていいのだろうか」と疑問が生まれ、やがて「ケガレって、本当は差別の結果に過ぎなかったのではないか」っていうふうな逆転の発想に到達しました。

そもそも、「すごい庭園技術を持っていた人が差別をされた」ということじゃなくて、「もともと差別されていた人が、すごい努力と勉強をして、あれだけの造園技術に達したんや。差別に負けずに、どうやってそんな努力ができたんか」って問うべきであって、問い方が逆立ちしているんですよね。これは、事実認識の問題ですし、もし「差別された人たちが、そんな力を持っているはずはない」と教科書会社の方たちが考えるとしたら、それは差別ですね。

この映像の中では、そういう間違った観点が上杉さんの明確なとらえ方によって克服され、河原者の庭師たちへの差別が、歴史的にまず先にあったことを明らかにできたのではないかと、私は思っています。

銀閣寺という世界遺産を造ったっていうのは、私は素晴らしくすごいことだと思うし、このＤＶＤでそれを映像化できたことはとても良かったと思っています。京都にいながら、あの観音殿（銀閣）の二階に、あんな金色の観音様があるなんてことは、このＤＶＤの作成に関わるまで知りませんでした。

部落の人たちが世界遺産の製作に関係したというについて、岡本さんはどうお考えですか。

■日本文化と被差別民の深い関わり……………………

岡本　今回ＤＶＤを全巻通して観た後に、自分でも少し調べてみようと思いました。調べていくと、この国の文化の発展に、「差別された人たちの働きが大きく関わっている」と強く感じるようになりました。権力者が、いつも積極的に民衆の文化を賞賛してきたわけではないことは、歴史を学ぶ中で知っていましたが、この国で古くから続いていて、今も私たちを楽しませてくれている文化の中心に、差別されてきた人々の働きがあった。その認識をもつきっかけがこの第1巻でした。

世界遺産である銀閣ができる中に、差別された人々の働きがあった。ここを押さえた上で、この後のそれぞれの時代の文化について学んでいくと、いろんな場面で、差別された人が深く関わっている事実に気づく。差別自体許されるものではないですが、そこから、「この人たちのへの差別が今も続いているのっておかしいやん」という問いを子どもたちと共有できるんじゃないかな。また、そこを考えていける教科の一つとして社会科があるという事を強く感じられるのは、嬉しいですね。

外川　私も、上杉さんやいろんな研究者の方から教えられて、改めてそうだと気がついたけど、私は京都に住んでいるでしょう、たくさんの修学旅行生が来るんですよ。寺院などの庭を観て、みんな「きれいやなあ」って言う。だけど、あの庭は、もとは何にもない、荒れ地のような殺風景な土地があって、そこに石を置いて、山を築いて木を植え、池を掘ったっていうことを、引率してきている教員自身が学んで、自然にこんな景色があって、そこに寺院を建てたんやないというところから教えてほしい。

庭石や樹木の一つひとつに意味を込めている。DVD画面でアップした龍安寺の一五個の石の配置もそうなんです。深い意味を込めて作る技術と知識と教養、そういうものがなかったら、できなかったということを知って欲しい。

上杉さんから指摘してもらった槇（まき）の木と観音殿の関係も、かなり画期的な発見だったのではないかと思っているのですが、あの槇の木はどこで気がつかれたのですか？

上杉　ああ、槇の木ですか？　DVDを作るまでの伏線として、滋賀県の信楽から銀閣へ槇の木が運ばれたことを知っている行政職員の方が信楽におられて、以前に私はその方から教えていただいていたんです。そして、DVDの作成に向けて銀閣の庭を歩いているとき、大きな槇の木がありました。その足もとに「樹齢五〇〇年」という看板が立てられていました。銀閣の創建は一四八二年でしたが、その五〇〇年後の一九八〇年代に行われた創建記念行事の際、その看板を立てたというのが、銀閣からの説明でした。

■銀閣寺の建設を支えた河原者……………………

上杉　だとしたら、創建当時、どこからかこの樹を選んで運

銀閣の創建時に植えられた槇（黄瀬重義氏撮影）

んできた人がおるはずやろ、と。樹木の運搬には、現場の人たちがものすごく苦労させられた記録が残っています。「木の根に、土をたくさん付けずに運んだから、庭木にするこの良木が枯れてしまった」と、足利義政がカンカンになって怒っているわけですよ。そこで現場の方々は、いっぱい土をつけて運ばなきゃいけなくなったわけです。そしたら重いですよね。いったいどうやってそんなしんどい仕事をしたのか。調べていくと、その中心に河原者がいて、義政から派遣されて信楽へ出かけて槇の木を現地で選び、京都まで運んだ人物が、善阿弥の弟子の「彦三郎」という河原者だったという史料が出てきました（これらの史料はＤＶＤ第１巻に添付している「史料（現代語訳付）」の⑱⑲⑳に掲載されています）。そしてその槇の木を掘り出し、運んだのも、滋賀の地元の部落の人だったらしい、ということもわかりました。彼らはその重い樹木を川船に乗せ、川岸からたくさんの人が紐で船を引っ張って、京都まで運んだ、と私は考えています。

ＤＶＤが完成したとき、信楽の地元の部落解放同盟の支部長さんをお訪ねして、「このＤＶＤを出していいでしょうか？　もしかして、ここに皆さんの部落のあることもわかるかもしれませんが、良いでしょうか」と、許可を求めました。その支部長さんは、二〇分くらい考え込んでおられましたね。

これで「ノー」と言われたら、「もうこの巻は潰れるわ」と、ひやひやドキドキしながら、じっと待っていました。「いいです」って、最後に言ってくださって、あの巻を出すことができたんです。

外川　銀閣寺も全面的に協力して映像を撮らせてくださいましたね。私はあのあと、知り合いの庭師の人にＤＶＤを観てもらったのです。木を運ぶ場合、まず周りの土をつけたまま菰(こも)でくるみ、しばらく寝かしておく。それを「根切り」って言うんだって。そして運ぶ段取りの「根回し」をした上で、やっとこさ運ぶことができる。

そんな仕事を、庭職人でもあった河原者の人たちがやっていたっていうことまで、教科書ではなかなか出てきませんね。

武田純子（たけだ・じゅんこ）

■子どもたちのＤＶＤへの率直な感想……………

武田　このＤＶＤは、とにかくその映像を見ただけで、「すごい」っていうのを子どもたちが感じることができるのが一番で、「それで十分やな」と思います。努力を重ねて世界遺産を作ることができるようになった差別された人たちの素晴らしさと、彼らを大切にして用いた義政の素晴らしさとかは、何て言うかな、両方の人間のプラスの面が、もうほんまに、見るだけでわかるＤＶＤかなって、これを使わん手はないな、と思いました。どの場面でも、子どもたちと認識を深めることができるんじゃないかなって思います。いろんな学校からも、「これを使っています」って言われます。この巻を観れば、両方の立場の人たちが、人間の素晴らしいプラス面をもち寄り協力したんや、「すごいな」ってわかりますね。

岡本　少し話がそれるかもしれませんが、差別をしないって、人として、ある意味当たり前のことじゃないですか。でも差別する人がいる。なんで差別する人がいるんだろう。そこにこだわってしばらく考えることがありました。ただ「差別しなかったらどんなことが起きるのか」っていうことについては、これまであんまり考える機会がなかった。差別が起こったときのことを考えることはあるんですけどね。

そのとき、足利義政は差別しなかった、むしろ彼ら河原者の造園技術を高く評価し、認めた人として出てくるわけですよね。そうして差別しなかったから、銀閣ができた。この側面に、もっと注目してもいいんじゃないかなと、ＤＶＤを観たときに思いました。義政が差別をしなかったから、今の自分たちが銀閣を観れることをふりかえるのも、大事かなと。

■差別しないことの大きな意義……………………………

岡本　「差別をしたからこういうことが起きた」っていうのは、たぶん子どもたちも何となく想像がつくし、何となく「あかんな」と思うんですけど、「差別しなかったからこういう良いことがおきた」っていう視点は、差別される側、する側二つの見方を超えて、いろんな面から考えていけると思うんです。

外川　一つのキーワードとして、「歴史や文化を発展させたのは、差別しなかったからや」という結論が出るかもしれませんね。

上杉　差別しなかった分だけ歴史が発展した、と言えるかも……。

岡本　それがすごく大事な見方なんじゃないのかな。「差別することを選ばなかった、しない人がいたんだ」っていうところを、もっとクローズアップしていくのもいいのかもしれない。善阿弥・又四郎・彦三郎と足利義政、彼らがまさしくそうでした。

上杉　足利義政は、銀閣の建設に河原者を使い、奈良での庭木の選別にも彼らを送ったことで、奈良のお寺と対立するんですよね（これもＤＶＤ第１巻に添付した「史料（現代語訳付）」の㉑に掲載されています）。奈良の寺は、自分の寺にある庭木の供出に協力しなかった。それに対し義政が烈火のようになって怒り、荘園を取り上げるなどの制裁を奈良の寺院に加えて、ケンカになってしまった記録があるわけですね。僕は、そのときの義政の怒りっていうのは、彼は金持ちだし、権力者だしね、いろいろ思うところはあるけれども、「あれだけの技能を持っている人たちを、お前たち何で差別するんだよっ！」て、彼は人間としてやっぱり怒ってた、というふうに感じるんですね。

外川　それが銀閣の敷地にある東求堂に掲げた「同仁斎」（平等に親しむ部屋）っていう額の言葉になるんですかね。

■世界遺産の光景

上杉　そうだと思いますね。銀閣の庭や建物のあの美しさ、あれは尋常では作れない美しさだと私は思うんですね。当時の時代のもっとも優れた人々の面が、互いに結びつき、凝縮しあってできたもの、と私は思います。

第1巻の撮影のとき、締めくくりとして私たちは、銀閣の二階の窓から、天上の月と庭の槙の木を一緒に眺めるショットを撮ろうとしました。ところが、月がなかなか出てこないんですよ。雲がかかって、映像にならない。銀閣の二階で三泊したんです、あの上で（笑）。

観音殿から見た二つの月と二本の槙

銀閣寺（観音殿）

外川　九月の中秋の名月を撮ろうとしました。最初の夜は雨、次の夕方は曇り、三回目に、一瞬晴れたところが撮れました。

上杉　すると、お月さんが昇るその真下に、あの槙の木が来るように配置されていました。槙の樹について私は、仏教的にみて寺院の庭の中心となる樹木とは知っていましたが、義政が力を入れて信楽まで河原者／彦三郎をわざわざ送り、名木になりそうな槙を一〇本近く銀閣へ運ばせています。最終的にその中の最良の一本が選ばれ、あの槙の巨木へと育ったのだろうと思います。

その上に月が昇ると、銀閣の前の池にも、槙の木と月が上下一体になって映ります。天上の月と槙の姿が池に映って、もう一セット続いて手前に見えるように工夫されていました（写真）。おそらくあれを、特等席——銀閣の二階から見たくて、義政は観音殿を作ったのでしょう。

しかし、病に冒されていた足利義政は、その姿を、記録によると、一度か二度しか見ていないんです。「なら僕が代わりに見てやるから」（笑）とつぶやいて、寒い真夜中、震えながら撮影を手伝いました。でも、あの銀閣の二階へ入ることができた「幸せ感」みたいなものが、その後のＤＶＤの作成の励みになったかもしれません。「いいものを見せてもらったな――義政さんたちに」、ということですね。

外川　ＤＶＤの第１巻が出たでしょ。すると銀閣寺の皆さんも、すごく喜んでくださいました。いま銀閣で働いておられる庭師の方々も、私たちの撮影に協力してくださったのですが、すごく喜んでくださって……いい思い出です。

■庭師が差別された本当の理由……………………

外川　最初の第１巻は、こうしてうまくスタートできたのですが、そのころはまだ、中世を部落の歴史の出発点にしようという動きは始まったばかりで、中世という時代がよくわかっていませんでした。教科書の一部には、善阿弥たち河原者が差別された理由として、「自然に手を加える庭造りがケガレを生んだ」なる「説」を持ち出してきたっていうことから、おかしな後退現象を起こしましたよね、そのへんは。

上杉　ですね。

外川　第１巻を初めて作ったころ、いくつかの教科書が書いたのは、ケガレっていうのは、自然に手を加えることで起こる、それがケガレなのだ、としました。だから自然に手を加える仕事をした善阿弥たちは差別された、っていう説明でした。けれど、どうも気持ちにストンと落ちなかったし、やはり「それは、おかしいな」って私も思いました。たとえば、自然を変える人って、いっぱいいます。川の流れを変えたり、海岸で堤防の護岸工事をする人も、巨大な江戸城や大阪城を作った人も、その人たちみんな差別されたのかといったら、そうじゃない。

上杉　これは、教科書会社の不勉強というか、それまでの教科書では考えてもみなかった問題なのですから、仕方ないですが、すくなくともケガレの研究領域には、山本幸司『穢と大祓』（平凡社選書、のちに解放出版社）が、基礎的な文献としてあります。この問題を世界的な視野で取り上げてきたメアリ・ダグラスの『汚穢と禁忌』（塚本利明訳、思潮社）が、山本さんの見解のベースになっています。それらによると、ケガレは「人間の社会関係」が壊れることから生じるものであり、基本は

「人とその家畜」のみから生み出されるものであり、自然界にはないものです。自然物が動かされたからといってケガレは生まれなどしません。もしそんなことが起こるとしたら、風が吹いても、雨が降っても、あるいは小川が流れても、ケガレは生まれるはずです。お城を建設すれば全面的にそこはケガレるでしょうし、都市を建設しても人はそこに住めません。ありえないことです。実際に庭造りの教科書として中世の初頭から読まれ、使われてきた橘俊綱『作庭記』というものがありますが、そのどこを読んでも、ケガレなど一言も出てきません。

なぜ庭造りの河原者たちが差別をされたのかというと、これは史料から明確です。築庭の依頼主である神社や寺院は、河原者に「肉食をしてお寺や神社の庭造りに来ないようにしなさいと」命令していました。仏教から見れば、肉食することは殺生戒に違反する「怖い」ことですし、神道的にも「ケガレ」となります。だから庭造りの条件として、肉食して来ないように指示したのです。それで善阿弥の孫／又四郎が、私も動物を殺すのが本当は嫌だと述懐するわけです。それが又四郎の「つぶやき」とも言われる史料（『鹿苑日録』）として残されました。

岡本　自分としては、六年生の段階では、「ケガレ」を言葉としては取り扱わないほうがいいと思っています。「ケガレ」の意味を言葉と一緒に教室の全員に正しく伝えて確認するのって、とても難しいことだと思うんです。ただ命に関わることに、どことなく「怖さ」を当時の人は感じて、それを差別につなげた。そういった点を説明するのはとても大事なことだと思います。五年生で部落問題学習にしっかり取り組んでいればそこはつながると思います。

解説　東山文化を支えた差別された人々――第1巻

人権を侵害されてきた人々について、私たちは「マイナス・イメージ」でとらえがちです。しかし、世界遺産である銀閣寺や龍安寺の庭園などを作ったのは、差別された「河原者」だったという歴史的な事実は、このイメージをまったく逆転させました。これ以外にも、小学校や中学校の教科書では、「差別された人たち」の功績が多く取り上げられています。では、偉大な芸術家だった河原者は、なぜ差別されたのでしょう。このDVDは、「河原者は差別を受けていたにもかかわらず偉大な芸術家になった」という事実を、丁寧に描きました。

また、差別されていた河原者を、その芸術面の力で率直に評価し重用した足利義政、自分たち僧侶より立派だと讃えた景徐周麟など、山水河原者に活躍の場を与えた人々の存在もしっかり描き、こうした差別しなかった人たちの姿も強調しました。世界に誇る文化遺産は、差別された人々と差別することなく正しく評価した人たちの力によって築かれたことを、銀閣寺観音殿二階からの貴重な夜景映像などを通して共に学びあう教材となっています。

■チャプター構成

第一章　「河原者」と呼ばれた人々
プロローグ／又四郎の思い／中世の河原の様子
河原に生きた人々とケガレ／河原者としての庭師の姿
第二章　銀閣の庭に隠されたメッセージ
庭づくりに携わった河原者／龍安寺の石庭
又四郎と周麟の思い／エピローグ

■関連する教科書記述例

●**龍安寺の石庭**　枯山水の代表的な庭園で白い砂の上に、大小15個の石がたくみに配置されています。こうした庭園づくりには、当時厳しい差別を受けていた人々がもっていたすぐれた技術が生かされています。

（小学校社会六年To社二〇二四）

●**河原者がつくり出した文化**　公家や武家、寺社などに仕えて庭づくりを行う者のなかに、河原者とよばれた人々がいました。河原者は、河原などに住み、清掃のほか、動物の死体処理や皮革生産などを担っていました。しかし、当時の人々は、死や病気などを「けがれ」としておそれていたため、こうした「けがれ」を清める人たちも「けがれ」ているとして、社会から疎外し、差別することもありました。こうした中にあっても、8代将軍足利義政は、庭づくりの技量「天下第一」とたたえられた河原者の善阿弥を重んじ、彼やその孫の又四郎などに東山山荘（銀閣）の庭づくりを命じています。また龍安寺の石庭に用いられた石の裏には、庭づくりを行った河原者の名前が刻まれています。差別を受けながらも、彼らが現代に伝わる優れた仕事を残したことがわかります。

（中学校歴史N社二〇二四）

3 皮革（かわ）から人権の歴史を考えなおす
―「ひとと皮革（かわ）の歴史」（第8巻）

■差別の発生と違和感

岡本　巻は飛びますが、ＤＶＤ第８巻にある「命にかかわること」、たとえば命が消える局面にかかわることへの忌避感や恐れ、これについては、子どもたちの中にも、理解・共感してしまう部分はあると思うんです。たとえば低学年の子であっても死について漠然とした不安はあって、「自分や親が死なないか」「いつまでも生きられるのか」、そういったことを聞いてくることがあります。ただこれは差別につながるようなものではありません。第８巻もそこに触れていて、むしろ人の歴史を「他の命と深くつながる歴史」として展開しています。そこから「他の生き物の命に関わることで差別が起こるとしたらそれは、おかしい」という、差別の発生の矛盾に気づくんじゃないかなと思います。

もし第８巻に入らないまま第１巻へいくのであれば、表現が難しいですが、得体の知れない、なんか自分とは違うなって思うものに対し、当時の人が違和感を持ち、そこから差別が始まった、みたいな形で入っていくのが良いかなと思います。

肉食をしていたことから「あいつらは私らとは違う行動をとってるぞ」とか「河原で税金も払うてへんぞ」などと言われる。それらの違いを、自分たちの価値観と異なるものとして忌避するところから、差別が生まれていった。そのような解釈で学習に入るのがいいかなって思います。

上杉　私もそれがいいと思いますね。この中世の時代っていうのは、荘園制が始まる時代です。荘園自体は古代からあるけれども、荘園の中に最初人は住んでいなかったんです。外から通ってきていたんです。それを、人を荘園の中に囲い込んで管理するように変わるのが、一〇〇〇年ごろから始まる中世なんです。このころから、人の集団がウチとソトに分けられていくんです。

だから、そこへ外から流入してくる災害を受けた人とか病人だとか、難民ですよね、そうした人に対する忌避感がまず起

「洛中洛外図屏風」(高津本)に描かれた「余部」

こるわけです。そこに「こわい人」という仏教が輸入した差別が結びつくのです。つまり動物や人を殺す、怖くて肉食もする「こわい人」たちの存在が、部外者に対する忌避感と結びついて、差別が具体的に形成されていく段階へ入ると思うんですね。

ですからこの第8巻を、第1巻の前に置いて、奈良時代までに日本へ伝わってきた仏教が伝えた殺生や肉食への差別を知る巻として、第1巻の前に使うという方法についてもありうるかと思います。その場合は、巻の号数の並びと異なるため、少し混乱するかもしれませんが、ちょうど良い機会だったようにも思いますので、その点をここで検討していただければと思います。

■太鼓を通して考える

外川 先ほど、武田さんの中学校では太鼓から人権問題に入るって言われたので、太鼓への関わりの中で、第8巻から始めて、ということもできるんですよね。

武田 私のイメージとしては、自分がするなら、って考えたときに、第8巻はやはり最後でもいいのではっていう思いもあります。導入のところで私たちは太鼓の話から始めています。そして歴史を追って、部落差別のこんな歴史があった、ということを学習した上で、最後に、あの第8巻のＤＶＤの最後で、殺生を禁じる仏教徒が、動物の体から取ったニカワで固められた仏像を拝んでるっていう、とても皮肉で辛辣な言葉を子どもたちに聴かせると、「やっぱり、差別はすごい理不尽やなあ」って感じてもらえる。そこに子どもの気持ちが落ちつくかなあ、っていう気もするんです。

人権学習とは別に、総合学習の中で仕事についても学習するんですよ。いろんな仕事があって、仕事に優劣はないんや、っていうのを伝え、そのとき食肉の仕事について考えます。『いのちをいただく』(講談社)っていう絵本、私は大好きで、それを使って、「いい仕事も悪い仕事もないんやで」って、仕事はみんな人のため、誰かの役に立つもの、そして喜びもある、っていうことをやるんですけど、その場合も第8巻はとても役に立つと思います。だけどやっぱり、歴史もわかった上で最後の方に観せるかなあ、と思いました。

外川　武田さんの場合は、第8巻の最後で、仏像もニカワで作っている場合があって、それを殺生戒を唱える仏教徒が拝んでるっていう辛辣な批判、そのへんはストンと落ちますか。

武田　はい、それはもう「ストーン」ってきました。(笑)

外川　そういう不条理とか矛盾って今もやってるしね、みんなが。

上杉　動物の毛をまとめて作る筆や、皮や骨を煮たニカワで作る墨もそうですよね。差別的な内容を書いているお経を読みながら、そのお経は、実は動物のニカワで固めた墨でできているということなどもね。

外川　ＤＶＤ第8巻には、国宝の仏像も、また人間国宝級の職人の方も出てくださっているので、映像的にも本当に価値があります。そこから全体を通して、差別っていうのがいかにばかばかしいことか、矛盾したことか、っていう切り口で使えるので、そういう使い方ですね。

■製革作業の貴重な映像を生かす……………………

岡本　いろんな人権課題から、「差別はおかしいよね」と自分も子どもたちと学んでいます。ＤＶＤで紹介されていた柏葉(かしわ)さんの製革技術。自分も以前、実見させていただく機会があって、実際に皮スキの体験をさせてもらったこともあります。ものすごい技術やし、とても貴重な経験をさせてもらいました。その映像だからとても貴重な資料です。映像を見て、子どもたちが、「ああやって革は作っていくんだ」と気づき、そのあとで革に触ってみる。実際に皮革製品に触れると、そのすごさにまた気づく。そういう気づきを通して「なぜこれを作る人たちが差別されるんだ、おかしい」っていう言葉が、自然と出ると思うんですよね。

だから、職業や産業に関連して人を差別するっていうことが、とてもおかしなことである。ここを、子どもたちとしっかりと確認したいですよね。むしろ、その産業がなければ、自分たちの生活が成り立たないっていう事実にも気づかせる。なんなら差別する人も、その製品で自分の生活を豊かにしていることなども。差別をするっていうことは、なんて理不尽なんだっていうことに気づける場面です。五年生でこの思いを共有して、六年生で、その差別を生んできた歴史に迫るというのが、小学校で作っていく部落問題学習かなとも思うんです。だから、僕はやっぱり五年生に第8巻は見せるかな。

ただもう一回、六年生の後半でも見せるっていうのもありかなぁ。学年にこだわらず、五年と六年で両方で使える教材だと思うんです。製革作業を通して考えることで、すごく見方が変わると思うし、その見方から考えると差別の理不尽さやおかしさに気づくことができるんじゃないかな。たとえば、その見方をもって、ＤＶＤに出てくる「墨で書いた差別的な経典があったり、動物の体からできたニカワで張り合わされた仏像を皆さん拝んでるんですよ」というナレーションについて考える。そうすると「何とおかしな差別をしているんだ」と、六年生でもう一回確認できると思うんです。ただ四年生で使うのは少し難しいかな。

■差別への根底からの疑いが生まれる……………………

上杉　第8巻をシリーズの初めのころに観てもらって、「なんて滑稽な差別を我々はやってきたのか」というおかしさを感じてもらえば、その後の差別も成り立つのは難しいと思うかもしれませんね。

ある意味で、墨っていうのは文化の象徴でしょう？　仏像も文化です。それらは、差別の原因でありながら、同時にそれを使って差別の愚かさを告発していける。そのことに気づけば、私たちに怖いものはないんじゃないかなというふうにも思うんですね。先生方にはその点を、よくとらえていただいたと私は感謝を申し上げたいと思いますね。

そしてこれまで述べてきた第1巻と第8巻は、(財)日本視聴覚教育協会が毎年ひらいている優秀映像教材選奨祭で二〇一四年と二一年に、ともに「優秀作品賞」をいただきました。伝統と名誉あるこの賞をいただいたのはとても嬉しかったですね。

解説　ひとと皮革（かわ）の歴史 ── 第8巻

「ひと」は、動物の「いのち」と深く関わって生きてきました。ひとの歴史とは、他の「いのち」と深くつながる歴史です。ひとは、生き物の命を奪い、食べなければ生きていけません。しかし、米づくりがさかんになると、宗教の影響により、動物の命を奪うことを残酷、穢れているとする考えが日本に広まり始めました。肉の仕事などに関わる人を差別してきた背景には、こうした考えがあり、やがて、そこから部落差別が生まれるのでした。

それでも、動物の命が、人々の生活の周りから消えることはありませんでした。動物の肉や皮はもちろん、皮から作られる「ニカワ」は、筆、墨、家具、医薬品、武具や仏像の接着にいたるまで、人々の生活と密接に関わり、「ひと」の文化を発展させてきたのです。

「死は穢れている」という差別につながる考え方さえも、ほかならぬニカワでできた墨の文字や絵の助けを借りて、社会へ広がっていきました。このＤＶＤは、皮革製品の製造過程を取材した貴重な映像を通して、部落差別の愚かさや「いのち」の大切さを考えさせる教材となっています。

■チャプター構成

第一章　肉食の禁止と皮革にたずさわる人々への差別

プロローグ／ひとの歴史と差別のおこり／古い製法によるかわづくり／よろい、履物、太鼓とかわ／鉄砲や機械とかわ

第二章　見えない「にかわ」と日本の文化

古い製法によるにかわづくり／墨や日本画とにかわ／弓や仏像とにかわ／身近なにかわ／エピローグ

■関連する教科書記述例

●河原者と呼ばれた人々は、死んだ牛馬の皮を河原でなめしたり、河原の石を利用して井戸ほりや庭園造りに従事したりして、ケガレにふれると見なされていました。皮のなめしは、塩と菜種油を使って皮をやわらかくする、優れた技術でした。

（中学校歴史Ｔｏ社二〇二一）

●河原者は、河原などに住み、清掃のほか、動物の死体処理や皮革生産などを担っていました。しかし、当時の人々は、死や病気などを「けがれ」としておそれていたため、こうした「けがれ」を清める人たちも「けがれ」ているとして、社会から疎外し、差別することもありました。

（中学校歴史Ｎ社二〇二一）

●えた身分の中には、農業を営んで年貢を納める者も多く、死んだ牛馬を処理する権利をもち、その皮革を加工する仕事や、履物づくりなどの仕事に従事する者もいました。

（中学校歴史Ｋ社二〇二一）

●えたとよばれた人々は、農林漁業を営みながら、死牛馬からの皮革の製造、町や村の警備、草履や雪駄作り、竹細工、医薬業、城や寺社の清掃のほか、犯罪者の捕縛や行刑役などに従事しました。

（中学校歴史Ｔｅ社二〇二一）

4 江戸時代の身分制をどう教えるか
——「江戸時代の身分制と差別された人々」（第2巻）

■江戸時代を中世を基礎に多面的に……………………

外川　次に、第2巻へ移りたいと思います。第2巻は、「江戸時代の身分制度と差別された人々」というテーマです。差別が、制度として政治的に固められていく時代を扱うわけですが、ここでも突然、江戸幕府が身分を作ったってことではなくて、武士・百姓・町人、そして穢多や非人など、江戸時代に存在した身分のすべてが、すでに中世に存在していたことを確認しつつ、その後どういうふうに江戸時代に質が変わっていったかという視点で作りました。その場合、穢多頭の弾左衛門についてある程度詳しく説明しました。これまで学校では、あまり弾左衛門を扱うことはなかったですよね。彼を使って、新しい部落像をお見せしたのですが、どうでした？

武田　人権学習の時間や、社会の時間でこの巻を使ってみました。さっきも言いましたように、子どもたちが、その時代を生きた背景を押さえ、生きた人の気持ちになるには、やっぱりこちらも時代背景をちゃんとわかって授業をやらなあかんなって思います。人権学習でやる場合、すごく時間のかかったところだし、かけたところなんです。江戸の時代に差別が当たり前になり、「差別をしなければならない時代になった」っていうことが、やっぱり今とすごくつながるところやろうな、とも思うので、じっくり丁寧にやりたいと、思ってきました。

このDVD第2巻がどうかといえば、すごくわかりやすくって、丁寧に、よくここまで映像にしてくれた、と思うところがある反面、その分やっぱり、限られた時間で「ギュッ」とやりたい人権学習でどう使おうかな、どう使えるかなって悩みながら観ました。

さっきから出ている、差別している人もいるけど、差別しなかった人たちも常にいて、この江戸の時代も当然、差別をしなければならない時代だったけど、そんな中でもしなかった人がきっといてたと思うんですね。そこをどうクローズアップできるのかな、ってことが私の関心でした。

上杉　差別しなかった人については、第2巻の最後に伊勢参りのところに出てきますね。

外川　あれは私が紹介した教材なんですが……。

武田　いつも使ってますよ、伊勢参りの話ですね。

外川　あれは、京都の部落史を学習したとき、この話を子どもと一緒にぜひ話し合いたいなって思って教材にしました。幕府は、部落の人だけでなく、彼らを泊めた宿屋の主人まで処分した。「これどういうこと？」って考えていきました。その人も、部落とわかって泊めなかったら、処罰を受けなかったのに、差別しなかったから罰せられた、ということを子どもたちは憤りをもって感じました。

それと同時に、伊勢参りに行った部落の人たち、それまで「貧しかったのとちがうの？」「自由に移動できなかったのとちがうの？」と考えていた子どもたちにとって意外でした。実際に伊勢参りに行っていたことを「これどういうことや？」と問いかけると、それまでの部落への見方が、ものすごく変わっていきました。

さらに伊勢へ行ったのは、この人たちが初めてだったかといえば、いや、きっとそんなことないはずで、きっと誰か他の人が前に行っていて、「俺らも金貯めて伊勢へ行こうや」って行ったのではないかと。一つの出来事の中に、当時の様子が全部凝縮された、象徴的な教材だと思い、これを取り上げて授業をしたら、やっぱり面白かったですよ。

それから、この巻の画期的なところは、今までピラミッドを描いて、部落を一番下に置いていた。そうじゃない、っていうことを、弾左衛門を出すことによってはっきりさせましたね。

■弾左衛門の姿がもたらした衝撃……………………

上杉　部落史の研究が始まった明治・大正期に、よく知られている歴史研究者として喜田貞吉がいます。ただ彼だけでなく、それ以前にも久米邦武など、立派な研究者がかなり広く研究を始めていました。彼らに共通した理解として、そのころの研究者ならみんな知っていた「奴婢」たちとはまったく違う身分が中世に生まれた、ということでした。奴婢は、卑弥呼の時代にもいたし、奈良時代から平安前期まで続いて確認できます。『日本書紀』にも出てきます。それは日本の歴史を少しでも研究すれば、すぐわかることでした。

彼らは売り買いされたし、卑弥呼の時代には主人が死ぬと、一緒に殉死させられる場合もありました。これが社会の最底辺の人々でした。しかし「部落」はそれと違います。第一、売り買いなどされませんから。では、社会の最底辺じゃなかったとしたら、いったいどこに置かれていたんや、と皆が考えるようになりました。

最初は、社会からはじき出された困窮者、という漠然としたイメージでしたが、戦前から、そして戦後直後にかけて、この人たちについて次第に「社会外社会」とか「人外」「身分外身分」などの表現が定着してきました。

では、それを視覚的にどう表現するかということになったとき、私は弾左衛門のことを研究していましたので、二つめのピラミッドを横に描くしかないと思いましたね。弾左衛門が丁髷（ちょんまげ）をして、二本差しで羽織を着てる写真を見てもらったとき——あれはどこの人だったかなぁ、たしか滋賀の行政方——から、「一ヵ月くらいもう、ちょっと頭が変になってます」（笑）と言われました。それまで彼は、部落は「社会の下」と思っていた。ところがあの弾左衛門の写真、二本差しの写真を見て、いままでのイメージが完全に崩れたみたいですね。その意味で、あれは部落史の学び直しの出発点になるかもしれません。よく観ていただいた巻の一つになりました。

その意味でこの巻は、古い「士農工商穢多非人」のピラミッド図式を壊しただけじゃなくって、新しい図式を積極的に示しました。そして、最後の「エピローグ」のところでも、先ほどの伊勢参りをした部落の人々——江戸時代にも差別をしなかった人々が確実にいたこと、それを打ち出すことで、差別社会もやがて壊れていくこと予感できる巻になったのかなっていうふうに思っています。

■古い身分制イメージを克服……………………

外川　若い教員の方々はご存じないかもしれませんが、私たちの時代に教育委員会が出していた、江戸時代の人々の暮らしを描いた絵図なんか、武士・百姓・町人の姿はだいたい了解できるとしても、まあ差別された人々っていうのは、着てる服がすごい。まるで原始人ですよ。毛皮を着てる姿として描かれていた。そういう扱いだったので、それがこの巻で、少しまともになったかな、と思っています。教員の皆さんのご意見はいかがですか。

岡本　そうですね。自分が新しいイメージの身分制の話を上杉さんから聞いた時、「そうなんや」、って素直に思ったのを覚えています。もうじき三九歳になるんですけど、学校で習った身分制は「士農工商とその下に置かれた人々もいた」、みたいな話でしたね。そして、社会で身分を下とされた人の中に穢多という身分の人がいる。そのさらに下に非人があって、最も下の身分とされた非人は不満が強くなるので、穢多身分の人はずっと身分が変わらないけど、非人身分の人は、農民や町民身分に戻れるシステムを作ってバランスを取ったと教えられた記憶があります。

だから身分制について前の自分と同じような、とらえ方をしている大人って結構多いんじゃないかな。その大人たちに「それ、間違ってんで」って、誰が言えるのか。やっぱり学んだ子どもたちじゃないかな。DVDを観ながらそんな思いを持ったのが、すごく印象的でした。子どもたちに、学んだことを「近くの大人に言うてやって」、そんな感じですよね。(笑)

子どもたちと新しい身分制について学んでいく中で、権力者側が差別された人々を自分たちの枠の外に置いたということ。それについても、上杉さんが出している二つのピラミッドの図はすごくわかりやすかった。

このDVDを観て改めて思ったんですけど、身分制やそれによる差別が「ケガレ意識」というこの国自体に古くからある忌避意識を権力をもつ者が利用したものだとしたら、今の私たちの「いじめ」の仕組みに重なる部分が多くあるんじゃないかな。要は、自分たちの中に入れないっていうか、外においておく、そんな形で集団を支配するやり方ですね。当時の百姓とか町人だって、社会全体の「いじめ」のシステムの中に組み込まれていた。そうした社会全体に広がる上手な「いじめ」のシステムが最初に作られ始めたのが、この時代なんじゃないか。そう強く思いました。

ただ教科書のこの箇所は、自分が経験の浅いときもそうでしたが、授業に向けてテンションというか熱量が上がる部分でもあるんですよね。

上杉　そうなの？

外川　そうです、そうです。「差別を作った幕府が悪い」と、一生懸命教え込む場合があるんですよ。

■江戸時代、制度に取り込まれた差別

岡本　そのように教え込むだけだと、方向を見誤るんじゃないのか。結局、秀吉が農民と武士を分け始めたあたりがスタートだと思うんですが、戦いが落ち着いてきて権力者側が支配を進めようとし始めたころ、その仕組みに身分制を持ち込んだことは明瞭ですよね。今の「いじめ」もここにつながっ

ている気がするんです。「スクールカースト」という言葉を聞くときがありますが、「あいつよりは上」「こいつよりは下」、そんな差別につながる考えを子どもたちも持つときがあるから、こういった言葉があると思うんです。ただ、そうした価値観だけでなく、実際に置かれた身分的な立場を変わりにくくする社会を、スタートさせたのは秀吉だろうなとも思います。

そこの理解をＤＶＤで押さえているのが、「刀狩り」と「検地」の部分ですね。「刀狩り」は、社会を平和にしたかったからと、目的をとらえ違える子どもも出てきますが、実際はそうでなく、秀吉が支配体制を作るために進めたこととしてＤＶＤは説明しています。これ以外にも、住む場所を差別的に分けたりもしている。それを知ると、秀吉にとって「刀狩り」や「検地」は、身分制を用いて、自分の支配体制を強固にする手段であったと気づけると思います。

さらにこの仕組みが厳格になる時代が江戸時代だった。社会の中で身分の上下をはっきりさせ、武士は百姓・町人など庶民を斬り捨ててもいいみたいな話になった。こんなふうに、身分にすごくこだわり始めたのは誰で、いつなのかということ。犯人捜しじゃないですけど、「スタートはここじゃない」というふうに子どもが気づく場面が、この時代の学習なんじゃないかなとも思いました。

中でも印象的だったのは、弾左衛門の話ですよね。写真を見せて「この人の身分は、なんでしょう」と聞いたら、子どもたちの多くが「武士」って答えるでしょう。そこから「武士ちゃうねんで」と伝えると、「え、どういうこと？」となる。武士と同じような格好してるけど武士の身分じゃない人がいた。そうなってくると、その人はいったいどういう身分の人なんだと、子どもたちから問いが出てくる。そこから、権力者側である幕府が、自分たちの支配体制の外にもう一個の支配体制を作って、自分たちの支配体制が崩れないようにしていたという「したたか」というか、「狡猾（こうかつ）」というか、そういう仕組みを作っていたことに気づくことになる。その事実を私たちが、知ることや、そういった価値観や仕組みから脱することが、自分たちが「差別」を見抜き、無くしていく力につながると強く思いましたね。

その例として、先ほどお話にあった伊勢の事件の話が、ＤＶＤで紹介されています。一緒に泊まった一般の人も同じように罰せられた。「これ何か、おかしいやん」って、子どもたちも思うんですよね。「なんでそんなやねん」「いや、その前に、泊めた人おるよね、宿に泊めた人が知ってて、黙ってた人もおるよね」。ここでも「やっぱり、差別っておかしいよね」ってなる。「そんな差別あかんよ」となる。そこから、「きっと、そう思いながらやってる人がいてたんやで、この時代にも」といった考えが出てくる。誰もが差別について賛成していたわけではないということ。

もちろん、今の子どもたちにもそれと似たような経験が多分あって、自分の周りで「いじめ」があるとき、だめだと思い止めようとか、自分だけはやめようと思っても、なかなか行動に移せないときがある。江戸時代の話であっても、人間がやっていることなので、今の自分たちと共通点ってあるんですよね。

差別を歴史の流れの中でとらえるとともに、時代を超えて今の自分たちと、どのようにリンクさせて考えるか。そこが歴史を通して学ぶ中で大事なことだと思うんです。

外川　かつて差別は、権力が悪いんや、政治が悪いんや、それを確認するために、教室で教員は力を入れてきたんですよ。でも今はそうではなく、そんな仕組みが、こんなところから始まってるんやって教えることができるようになったということですね。私は、ＤＶＤを使うことで、そんなことを、今の子どもたちへのメッセージにしたい。単に「過去のことを勉強しました」にならんようにしたいなと思います。江戸時代の差別を勉強すると、その、責任を他へ転化できる面がある。権力を免罪するわけじゃないけども、権力を追及するあまり、自分たちを免罪するような、そういうことのないようにっていうことですよね。

岡本　江戸時代の身分制が、今日の「いじめ」や「シカト」と通じていることを子どもたちと確認すると、遠い昔のことを自分ごととして引き寄せれるんじゃないのかな。ここで引き寄せておかないと、多分、この後の話も、ずっと遠い時代の話で終わってしまうんじゃないかという気がします。だから、「昔の時代の話やけど、今の自分たちの感覚と似てるところがあるやん」と気づくのって、すごく大事なことなんじゃないかなって思うんです。そこに気づくことで、「いじめ」を制度として最大限活用したのが江戸時代の支配体制なんだっていう点を、この単元を通して学べると思うんです。そこを確認した上で、その「仕組み」やその前提となる「価値観」に支配されるのではなく、乗り越えることが、今も残る部落差別やいろいろな人権課題、それこそ「いじめ」を克服するために大切なことだと、子どもたちがどこまで思えるか。それがこの単元を学ぶ上で大事な部分だと思うんです。ＤＶＤの構成の流れとしては、その点もつかめるから、ありがたいなと感じました。ただ、伝える側自身もしっかりと、「権力に対してどうのこうの」という見方から一回脱して、いろんな見方を持っておかないと、ミスリードしてしまう可能性がある。だからこのＤＶＤを使うときも、しっかりと準備してやるのが大事だと思います。

■部落は「下」か「外」か……………………………

外川　ところで今日、上杉さんと一つお話してみたかったことは、去年、一緒に学習会をしたときに、部落差別は「下」か「外」かという話がありましたね。被差別の当事者の方は「下やっ」って、すごく強調されました。私も、以前そう思ってきたんですが、シカトってのは「外」への差別やけども、外へ排除したときに、その人たちを差別する言葉として、やはり人間以下だとか、「下」のものとしての差別するんですよね。その感覚や言葉をどう位置づけられますか。

上杉聰（うえすぎ・さとし）

上杉　私は、「下」には、「支配としての下」と「価値としての下」があると思っています。

外川　それをなかなか理解してもらえなくて。

上杉　部落の方とお話ししていて、むしろ「外と言われてホッとした」と聞いたことがあります。「下に置かれた」と言われたときは、もう息苦しくて仕方がなかった、ってね。「ああ、でも『外れていた』と考えると、すごく楽になった」とおっしゃるんです。確かにそうだと思います。それが「支配としての下ではない」、ということです。これが部落の人たちの明るさとかになり、芸能にも生かされてきた。漫才などのひょうきんなものも、やっぱり外にいるからできる。自由、っていう自覚があると私は思いますね。だから、それをうんと生かしていくことが、部落差別への対抗手段でもあるんだろうと思うんです。

部落を奴隷、つまり誰かの所有物とすれば、それが「支配としての下」ということです。しかし、事実として違う。むしろ部落は、それともっとも遠いところにある。だから「外」であって、「下」と呼ぶべきではない、と。

これに対し「成績は俺の方が上、お前は下だ」というのは、「価値としての上下」ですよね。価値は、「支配」と違って、もし「外」に置いたら比較ができない。だから、誰かを軽蔑するときには「下」と言うしかない。その人を軽んじる、馬鹿にする意味の「下」の語でまとめるしかない。でもそうして「価値としての下」と見ることは、誰かを支配したり所有することとは別ですね。「支配としての下」ではないのです。

外川　部落の人々は、ものすごくしんどい生活を送ってこられて、そのときに受けてきた差別が「下だ。最低辺の」という言葉や態度だったのでしょうね。その思いがずっと染みついておられるから、言葉で「いや下じゃない、外だよ」って言っても、なかなかすっと受け入れてもらえない場合があるのですね、実感として。でも、社会の構造として、どういう位置づけなのかっていうと、やっぱり「外」という定義は、大事じゃないかな、と思いますね。

■あらためて部落の位置を考える……………………

岡本　その部分は、DVDで弾左衛門の屋敷には裁判所も役所もあったということが出ていてすごくわかりやすかったです。もう一つの社会がそこで完結してたんだ。つまり、江戸幕府が別の社会を用意したんだな、っていうふうにとらえることができました。

そのことがDVDに入っているので、子どもと一緒にその部分を確認したらいいだろうな、と思いました。つまり「弾左衛門」という頂点の下に、もう一つの「社会」を置くということ。こっちの武士を頂点とする社会とは違うっていうこと。そこから、社会の「下」ではなくて「外」になるっていうのが、役所、裁判所などがあったという言葉から伝わってくると思うんです。そこにナレーションも入っているので、さらにわかりやすいと思いました。

外川　また、外に置かれたものが、中と接触を持つところでは、差別も起こる。だから部落はそういう構造なんだっていうことを、考えていかないといけないなとも思いますね。

武田　私の中のイメージとしては、今の子どもたちのいじめにつながる意識っていうのは、やっぱり中世にもあるんちゃうか

第13代　弾左衛門

な、と感じるんですよ。その人たちを排除しながら、うまく社会の中で使っていくっていうのが中世からあって、それを基礎に利用しながら、江戸時代に制度化したんじゃないかなと。

岡本　私にもその感覚があります。中世からあったものを、江戸幕府が大々的に仕組みとして取り入れたのだと思うんです。中世からあった「いじめ」や「差別」を、江戸時代の支配体制の重要なものとして位置づけたという認識です。もともと中世にも忌避感とか、恐れっていう感覚はあるけれど、それを明確な仕組み、制度にまで発展させたのは、やっぱり江戸幕府かなっていうのが自分の認識です。だから決して、江戸時代に発生したとは思えない。完成したということでしょう。

解説　江戸時代の身分制度と差別された人々 ― 第2巻

かつて教科書では、身分序列を「士農工商えた非人」と示し、部落はその「最底辺」に置かれた存在として「身分は江戸時代に作られた」と書きました。しかし、最近の教科書では、「士農工商」という表現そのものがなくなり、部落についても、社会の下ではなく、「ほかに」「別に」「異なる」と表す教科書が増えています。また、身分制度は江戸時代に突然作られたわけではなく、中世から引き続いてきたものという記述が多数となりました。このDVDでは、中世に始まったすべての身分が、居住地や税制、戸籍などによって身分を固定され、江戸時代に「制度化」されたことを、わかりやすく解説し、すでに間違いとされて教科書から消えた「士農工商えた非人」の図式に代えて、積極的に新しい図式も提示しました。これを示す具体的な例として、穢多頭・弾左衛門や様々な絵図を紹介しています。

また、部落差別の学習を通して、「イジメ」の問題を考えることや、中学生以上版では「非人」の存在を現代のホームレスの方々の人権」と関連させて、発展的に学習できる工夫を加え、江戸時代の身分制度が決して現在の社会問題と無関係ではないことを示しています。

■チャプター構成

第一章　身分制度はどのように確立したのか

プロローグ／中世の身分と被差別民

近世初頭の身分制度／「寺請制度」と身分の固定化

第二章　「社会外」に置かれた人々の暮らしは？

地図に描かれた被差別部落／弾左衛門による支配体制

被差別部落の生業と役割／「非人」などの被差別民

エピローグ

■関連する教科書記述例

●百姓や町人とは区別され、差別された人々もいました。これらの人々は、住む場所や服装、他の身分の人々との交際などを制限されました。しかし、厳しい差別を受けながらも、荒れ地を耕して年貢を納めたり、すぐれた技術を使って人々の生活に必要な用具をつくったり、役人のもとで治安をになったりして、社会を支えました。また、古くから伝わる芸能をさかんにして、後の文化にも大きな影響をあたえました。（小学校社会六年K社二〇二四）

●**厳しい身分による差別**　百姓・町人などの身分の中に、えた身分、ひにん身分などの人々がいました。えた身分の人々は、農業を行って年貢を納めたほか、死んだ牛馬の解体や皮革業などで生活しました。また犯罪者をとらえることや牢番など役人の下働きも努めました。ひにん身分の人々も役人の下働きや芸能、雑業などで生活しました。かれらは、ほかの身分の人々から厳しく差別され、村の運営や祭りにも参加できませんでした。幕府や藩は、かれらの住む場所や職業を制限し、服装などの規制を行いました。そのため、かれらに対する差別意識が強まりました。（中学校歴史To社二〇一六）

5 近代医学と部落――「近代医学の基礎を築いた人々」（第3巻）

杉田玄白は、もともと海外のものをいろいろと受け入れてきた人だから、そこまで保守的ではなかったと思うんです。ただ解剖までは、したくても執刀する技術がなかった。じゃあ、誰が解剖できるんだろうか。そこで差別された人の持つ技術に頼った。その人から話を聞くと自分より人体のことに詳しい。そこに尊敬の念を持つというか、賞賛さえしているっていうところが、杉田玄白のすごいところだと思うんです。もし玄白がそうしていなかったら、きっと日本の医学は進まなかったかもしれないと思いました。

教科書だけを読んでいては、このあたりの理解は難しい。子どもたちに「なんで、この人に執刀やってもらったと思う？」って尋ねたら、「死体がすごい怖くて、亡くなった人に触ったらあかんかったんちゃうかなぁ」といった答えが返ってくるんです。その中で僕が思ったのは、「難しいことは、もうプロに任せよう」と思ったのじゃないかっていうこと。もちろん死体に触れたくないっていうのもあったんでしょうけど、でね。

■スルーされていた解剖の話

外川　えっと、次が第3巻で、「解体新書」を描いた「近代医学の基礎を築いた人々」。

ＤＶＤの評判が、結構私の耳にも入ってきます。中でも「ものすごくありがたかった」と言われたのは、この近代医学の巻でした。なぜかというと、「今まで教科書に載っていたけれども、『差別された人が執刀した』ってあるだけで、なぜその人が執刀したのか、何で人体のことを知っていたのかわからないから、学校によっては、もうスルーしているところもあった」って言うのです。そういう声が聞こえてくるっていうのは驚きでもありましたけど、ご覧いただいてどうでした？

岡本　ここが、人が築いてきた歴史から学ぶ上で大事な点ですよね。さっきから出ている「差別しなかったら社会が進歩した、発展した」という、まさにその一つの例だと思うんですよね。

きる人にやってもらおうと思ったんじゃないかな。実はその人たちの技術を認めていたんじゃないのかな、っていうのを感じました。

そして、解剖後の杉田たちの反省の言葉に、「医者でありながら、人体を知らなかったことを恥かしく感じた」っていうのがありますよね。また「体の中を開けてみれば、人間の身体は、中国人も西欧人も、そして動物も、みな同じだっていうようなことに気づいた」という言葉もありました。杉田玄白が気づいたこの部分って、差別に取り込まれないための大事な観点を教えてくれているのかなとも思いました。

僕もこれまで、山脇東洋の解剖についてよく知らなかった。ただ役人の中にも解剖を認める人が出始めていた。そういった当時の時代背景を理解できたりもしました。

幕府側である役人の中からも、それまでの固い考えを改める人が出てきた時代。そこには西洋の学問の正しさを知り始めていたことや、経験を大切にする科学的な文明世界へ入り始めている雰囲気が当時の時代背景にあった。それは同時に、いわれのない差別のおかしさにまた気づくような時代にも入っていた。そうした時代の変化を子どもたちとも確認できると感じました。

人体を解剖して科学的に検証できる時代にきたということは、部落問題についても、歴史を通して考える中で取り上げれば、いよいよ差別のおかしさに気づく時代が始まる。そんな幕開けの時代ではないかって勝手に解釈して、観ていましたね。

外川　ナレーションの最後も、そういう台詞（せりふ）で終わっていますよ。こういう近代医学に目覚めた人たちが、その後の時代を変えていくんだって。

岡本　そこに気づくのが一番大事なところなんだろうなと思いました。

■なぜ部落の人々は解剖できたのか……………………

外川　的確に観ていただいて、ありがとうございました。中学校ではどうでしょう。

武田　なかなか難しいと思いますが、中世から続いてきた命に関わる仕事、それが江戸期になって近代医学へとつながっていく冒頭部分の説明がわかりやすいな、っていうのが、まず第一でした。

当時の社会的な規則としては、海外と広い交流をしてはいけない時代だったと思うんですが、そんな時代に、西洋の医学

開臓の様子推定模型（津山洋学資料館）

書を手に持って、身分の異なる人たちが一緒に、それまで見たこともない解剖の場に立った、っていうこと自体、すごいことだったんかなって思います。

解剖の技術を持った人のすばらしさとともに、その人を差別をしなければならない時代にあって、玄白たちが差別をしなかったことで、近代医学が発展したというのも、すごく明確でわかりやすい、使いやすいなあ、って感じます。

ＤＶＤの中に、死体をケガレとみなす考え方が、このころまでにかなり弱くなっているという説明が入っていました。勝手な私の疑問なんですけれど、死体をケガレとみなす意識が弱くなってきていることで、差別されてきた人たちへの差別意識が弱くなったのかどうか、そんな直接的につながっているものなのか？「はてな、はてな」と思うところもあって、そこは整理していただくとありがたいですね。

つまり、死体に対するケガレ意識は弱くなってきているけれど、差別意識が残っているから、「解剖はこいつらにやらしとけ」っていうではなかったかっていうのがあって、私の頭の中が、ごちゃごちゃとしてました。

だから、ここらへんの時代的な変化を、もう少し詳しく整理して理解したいですね。

上杉　こんな説明で、納得していただけるかどうかわからないんですが、このＤＶＤ第３巻を作るとき、まず人間の内臓と動物の内臓が似通っていたり、ほぼ同じものだということは、私としてはわかっていました。だから、動物を解体してきた部落の人は、人間の肉体の内部をすぐ理解できたし、それは『蘭学事始』も見事に記録していましたので、私も確認できました。そして穢多の老人が医師たちとの間を仲介したことにより、杉田玄白や前野良沢なんかに人体への爆発的な理解となってすぐ伝わりました。ここは間違ってはいなかったんですけど、その前の、なんで穢多の老人が、刑死した死体の処理をしたのかというのが、説明しなければならないところでした。

というのは、実は当時の幕府のやり方として、まず一般的な死体の処理は、清掃の一環として基本的に非人がやることになっていたんです。たとえば町中で行き倒れ人が出た場合、その遺体処理は、基本的に非人がしました。ところが、行き倒れ人といっても、お城の堀の中や、武家地の道路に倒れていた場合、これは穢多の人が処理をしていたことがわかっていました。大阪でも江戸でもそのようです。

さらにもう一つ、刑場で処刑された人の遺体処理も、穢多の人たちが処刑の延長としてやることが決まっていたんです。だから、いわゆる「解剖」をやるっていうことになったら、誰にやらせるか。罪人の死体の処理にあたるのですから、それも穢多だということになったんです。

歴史の研究をしていても、通常はこんなことまで調べません。でも学習用のＤＶＤとなると、こんな些末な問題が大きく立ちはだかってきます。

■ケガレの弱まりと医師の解剖

外川　鳥取で、刑警吏役のことを調べたとき、処刑は非人がやったと教えていただきました。槍で刺したりするのは、非人の仕事でした。けれど、死体の後片付けは穢多がやったとのことでした。

上杉　なるほど、鳥取の場合も、罪刑人の遺体処理は、穢多がやったわけですね。山脇東洋の場合もそうでした。でも、処刑の執行自体はそうでなかった、非人の場合も穢多の場合もあったようです。すると、これらの仕事とケガレとの関係は、わりと曖昧だったらしいですね。ただ、刑場での遺体の処理については穢多に統一されていたようです。

ところで、ケガレ意識の弱まりというのは、当時は覆いがたく進んでいて、保守的な人たちから、それを「困ったこと」

とする言説が飛び交っていた時代でした。これは、解剖についても顕著でした。つまり最初、穢多の人が解剖の執刀やったところ、もう医者みんなが色めき立つわけです。彼らは最初それを、ただ指をくわえて見ていたのです。「切り取ったあの内臓は、どんな柔らかさなのか」「隣の臓器とどんな形で結びついているのか」など、眺めるだけではよくわからないことがたくさんある。だから医者は、もうみんなよだれを垂らして見てたわけですよ。「次に解剖するときは俺にやらせろ」ということになって、解剖はその地方の二例目か三例目では完全に医者がやる場合が多いんですね、部落の人を押しのけて。その意味で、解剖の最初のころは、まだケガレ意識も少しあるので、それまでの慣習として穢多にやらせたけれど、自分がやりたいということで、医者がとって替わってしまう。

その意味で、ケガレ意識がそこまで弱まっていた、ということなんだと思います。とくに医者自身にとって。けれども、罪人の体を槍で突くような「処刑」の執行を誰がするのか、刑場の土台や張りつけ用の刑木は誰が作るのか、などについて、各地の事情に合わせて穢多と非人が担い手を細かく分担していました。これらには、それぞれへの手当なども出ていましたから、それを変えると手当も変わってくる。こちらは制度を変えることになりますから簡単ではない。ケガレ意識の強さ／弱さだけでは決められません。

ただ、それまでやっていなかった解剖については、数も少ないですし、それを役務とするような責任体制が、まだ存在してなかったと思われます。近い例として、武士が「試し切り」した場合の遺体処理なども穢多の仕事でしたから、「解剖」も医者の責任のもとで行うものとし、その流れとして、執刀も穢多に「遺体処理」の名目でやらせたのかもしれません。したがって、医者がどうしても執刀までやりたいのなら「どうぞ」、ということではなかったかと思います。こんな説明でどうでしょうか？

解説　近代医学の基礎を築いた人々――第3巻

江戸時代の医学や科学といえば、「鎖国による遅れ」のみを意識しがちです。しかし、江戸中期になると新しい動きが始まります。医学では、漢方医の中から山脇東洋が日本初の医学解剖を実施し、研究しました。

そこには、西欧の書物がしだいに入ってきた影響がありました。山脇の一七年後に解剖を実見した杉田玄白は、手に『ターヘル・アナトミア』という洋書を持って解剖を見学し、内臓一つひとつをその図と引き比べ、正確さに感動しています。玄白たちが、その解剖書を苦労して翻訳し『解体新書』と名づけ世に出したことはよく知られています。

しかも、そのとき実際に臓器を解剖して見せたのは、当時「穢多」と呼ばれ、差別されていた人々でした。山脇東洋のときもそうでした。部落の人々は、動物などの死体を処理する仕事を続けてきた結果、人と動物の内臓を熟知していたのです。東洋も玄白も、医学の「内発と外発」の接点に立つことで、大きな成功を手に入れたのでした。

そこには、大切な命と向き合い、生きてきた人々の知識と技術に敬意を払う二人の医師の姿があったことをこのＤＶＤは貴重な原書などを取材して描きました。

■チャプター構成

第一章　差別された人々と近代医学の出会い
プロローグ／玄白と「ターヘル・アナトミア」の出会い
差別された人々の仕事と命／玄白たちが見た人体解剖

第二章　差別された人々から学んだ医師たち
山脇東洋の腑分け／エピローグ

■関連する教科書記述例

●**医学を支えた人々**　玄白があらわした「蘭学事始」という本には、「解体新書」をほん訳した苦心と、人体の解剖を見たときの感動が記されています。玄白は、解剖を見学したとき、見比べていたオランダ語の解剖図が正確にえがかれているのにおどろいたと書き残しています。また、このとき解剖をして内蔵の説明をした人は、身分制度の下で、村人や町人とは別に厳しく差別されてきた人でした。このような人が、すぐれた解剖の技術を生かして、このころの医学を支えていました。（小学校社会六年To社二〇二四）

●**解体新書**　杉田玄白と前野良沢は、人体解剖の見学の際、オランダの医学書と見比べて、その正確さに驚き翻訳を決意しました。見学のとき、すぐれた技術と知識で彼らに解剖の説明をしたのは、差別された身分の人でした。当時の医学はこうした人々にも支えられていました。（中学校歴史Te社二〇二一）

●**解体新書**　杉田玄白・前野良沢らは、江戸で人体の解剖の様子を見学しました。解剖は、えた身分とされた人々が、優れた技術や知識を生かして行いました。玄白らは、実際の人体が、持参していた西洋の解剖図とそっくりなことに驚き、翻訳を決意しました。（中学校歴史K社二〇二一）

6 差別を許さない民衆のしたたかな姿
――「渋染一揆を闘いぬいた人々」（第5巻）

外川　渋染一揆を取り上げた第5巻「渋染一揆を闘いぬいた人々」、この巻の特徴というのは、今まで「渋染一揆は勝利した」「差別するお触れを撤回させた。やった、万歳」で終わってきたんですけど、これもかなり掘り下げて取り組みました。

■なぜ色分けを嫌ったのか

武田　これ、自分の学年でＤＶＤを使う前のことですが、それまで同僚の皆さんがよくやっていたのは、宿題のプリントを見せて、「はい、この班の子だけはプラスして、もっと多い宿題の数ねっ」、というような導入から入り、「別段御触書」のことを当てはめていったんですけれど、子どもたちにとって、どんな話し合いをして、どんな視点で撤回の嘆願書を書くのか、どんなふうに要求を認めてもらうのかという見通しが、なかなかイメージしにくかった。

教える私たちも知らなかったら、なかなかイメージしにくいところがある。そこで、ＤＶＤの中で人々が話し合ってるシーンを子どもに見せて進めました。

また、子どもたちに「別段御触書」を見せると、一番嫌だと思うのは、その色分けでした。「差別する目印になるやんか」っていうこと。中学生は、結構これに早く気づくんです。「見たらわかるやん」って。「そんなんしたら、周りの百姓の人たちは、部落の人を見た以上、差別せなあかんようになる」っていうのが、わりとすぐ理解される――最初はなかなか気づかなくても、さらに当時差別することは義務だったということがわかってくると、「ああ、そうか」「差別される人たちだけの問題じゃなくて、その周りの人たちの問題でもあるんや」って気づく。子どもたちは、自分の周りの視線に敏感なので、「ああそうか」って、「周り全部にも関わることなんや」っていうのが、すごく子どもたちに伝わったＤＶＤでした。

一揆へ行くっていうことも、子どもたちのイメージする「竹槍持って、ガーって攻めていく」んじゃなくて、「この場合は筋道を立てて、いろいろ考えた文書で、粘り強く説得、暴力を伴なわず、自分たちの要求を聞き入れてもらおう」という見通しが立つ。実際の一揆が暴力を使わなかった事実もあって、すごく自分自身の生活に引き寄せることができました。

みんな、すごく自分のこととして引き寄せた感想を書いていましたが、残念ですけど、そのときの感想文が残っていないのです。それで、この第5巻を使っている学校もすごく多いので、その学校の先生に大急ぎで連絡をして、子どもの感想を少し送ってもらいました。

印象的だったのが、「江戸時代に、別段御触書がおかしいと思っている人はたくさんいたと思うけど、それを周りに伝えたりしたら何かされる、って思って行動できない人がたくさんいたと思う。そんな中、理路整然と行動を起こせたっていうのはすごいと思う。この一揆の人たちに救われたと思う人がたくさんいたと思う」「すごいと思う。今の世の中、差別がないわけではないけど、昔に比べたらなくなっていると思う。それも、こうした人たちのおかげなのかな、行動を起こすって大切だなって思いました」っていうような感想、嬉しいですね。「渋染一揆は、自分のためだけじゃなくて、家族や友達とか、みんなの未来のことを考えてたのがすごいな」とも書いてました。

あとは万次郎さんについて、「自分が万次郎さんの立場だったら、どうできたか」と考えた子たちもいたので、あのＤＶＤを観た短い時間内で、すごく子どもたちは考えたり、問題提起されたりっていう点がいっぱい詰まった巻だったなって思います。子どもたちにもきっとわかりやすいので、使ってる学校が多いんやろうなと思います。

外川　小学校で、この巻はどうでした？

■一揆のリアルさに打たれる……………………

岡本　中学校と同じだと思います。

渋染一揆については、小学校でもよくとりあげる題材です。部落問題学習といったら、六年生の渋染一揆がメイン、というイメージをもっている方もいると思うんです。子どもたちの今使っている教科書にも、学習資料の部分に記述があるんですが、絶対深めて考えたい題材でもあるので、こちらでさらに教材を準備する必要があると感じました。だからＤＶＤを使いました。

ＤＶＤの印象としては、すごく日付がいっぱい出てくるじゃないですか。日付がわかると臨場感が出てくる。やっぱり一個一個詳しく記録が残っていることに気づく子もいました。

渋染一揆の今までの実践を見ていくと、中学校のお話と同じで「立ち上がって」「団結して」「やり遂げた」みたいなのが多いんですけど。ＤＶＤ全体を観て思ったのは、実際に亡くなっている人がたくさんいてるってところもあって……。

外川　最後のところで、とくにぐっときますね。

岡本　そうなんですよね。

外川　死んだ人の名前がどんどんどんどん画面から消えていくでしょう。あのとき、見ている子どもたちが「どきっ」とした反応をするっていう人が多いですね。

岡本　そうなんですよ。渋染一揆の取り組みの中には「めでたし、めでたし」で終わるようなやり方の場合もあるんじゃないかな。でもそうじゃなくて、事実として、幕府側はまず弾圧をした。それに本気で命がけで立ち上がった人がいたという点を子どもたちと確認したい。そしてもう一つ大切なのが、そんな時代に水をふるまった茶屋の万次郎さんのように、差別をしなかった人もいたっていうのを、押えたいと思いました。

　授業が終わった後に子どもたちと話をすると印象的なのが、ＤＶＤに亡くなった人の名前が次々と出てくる部分。七〇歳の人も牢屋に閉じ込められたっていうところは、子どもにもグッとくるんですよね。それと寄り合い場面。あの民衆のしたたかさ、たくましさですね。「強いよなぁ」って。子どもたちもあそこで、「そうか。そういうやり方があるんか」っていう反応がすごくあって、「農民も、好きな着物を着られなくなるぞ」とか、「農民も、藍染め着たかったんちゃうか」とか、いろんな話が出て……。「やっぱり宮参りがばれたら、罰せられるんちゃうか」とか、子どもたちからいろんなつぶやきが出てきました。

　一揆側の情報収集能力がすごく高いというのも印象的。社会の外に置かれているという状況下にあっても、部落の人たちはちゃんと情報を集めて、ときにはその裏側も知っている。そのすごさというのは、小学生では自然には気づきにくい部分でもあるので、ここはあえてこちらから言って気づいてもらうのも大切と考えました。「なんで、これだけ社会の外に置かれた人たちが、こっちの社会の話を知ってるんや」と問いかけ、それだけ裏で「交流があったということ」、もしくは「調べていたという」こと。「本気で、生きるために調べてたんだ」っていうその事実をまず確認する。だから「あの人やったらいけるんちゃうか」っていうのも、調べて訴える家老を選ぶことができた。そこから戦略が始まっていた。そこが「人々のたくましさというかすごさだよね」と伝えました。

ここを確認しておくと、寄り合いをして数を集めても、ばれないように丁寧に話し合いを進めたことや、一回押し返されそうになっても、またそれを押し返していこうっていく話がイメージしやすいんですよね。子どもたちの中にも「一揆ってこういうやり方があるんだ」、「竹槍を振り回すだけじゃないんだ」という、藩に立ち向かった人々のしたたかな姿が伝わっていく。その結果として、「御触書を取り消させたんだ」っていうところへ行き着きましたね。

■差別に立ち向かうたくましさ……………………

岡本　ただ、子どもたちも気づくんですよね。「これで終わらんやろうな」って。絶対に報復があるだろうなって、子どもも気づく。その中で、その投獄された人々が亡くなっていく画面を見て、子どもたちは、すごくショックを受ける。

子どもたちの感想を読んでいると、中には、「犠牲になって、守ってくれてありがとう」といった感じの子も出くるんですよね。でもそれは仕方ないことかも。藩にもやっぱりメンツがあるから、「報復をやるんやろうな」とか、「亡くなった人は、どんな思いをしていたのかな」といった方向にも考えがいってほしかったという思いもあります。

ただその中で、このＤＶＤ観て子どもたちと共有したかったのは、「分け隔てを許さない」っていう思い。そして「命を賭けてまで差別に立ち向かった人の生き様っていうのは、絶対今の自分たちの生き方につなげなければいけない」ということ。その話を子どもとしたのを、すごくよく覚えています。

「ふり返り」の中に、印象的だったのが何枚かあったんですが、「今まで差別され続けたのに、なぜ江戸時代末期まで一揆を起こさへんかったのか疑問でした」と書いた子がいました。また率直な意見だなと思ったのは、「差別された人々は根性のある人たちだと思いました。私だったら、いったん突き返されたらあきらめる」っていうものも。「でも、あきらめられへんぐらい差別がひどいものだったにちがいない」と思ったとか、「今の人たちにも、このような出来事はあるかもしれないので、単なる歴史の話として受けとめるのではなく、自分たちもこういうことが起きるかもしれないという気持ちを大切にしようと思いました」といったのもありました。それぞれがそれぞれのとらえ方をしたんだなと思いました。

この「ふり返り」も、子どもたち全員で共有したんですけれど、いろんな考えを出しあったことが、後の明治の話につながるきっかけになりました。その活用もできたので、とても使いやすかった。

上杉　ありがとうございます。なんで部落の人々が、あそこまできちんと藩の動きを分析できたのか、その知恵の深さに私も驚いたんです。今も疑問を出されましたが、実は、当時の岡山藩は、部落の人たちが目明しなど警察の仕事をやっていたんですね。だから世の中の裏側をよく知っていた。たとえば、観阿弥・世阿弥が世に出る前に、非人の人たちが、芸能で面白いものを作ったその秘訣みたいなことを、古い資料に書いているんです。そこには、彼ら非人も下級の警察的な仕事をやってますから犯罪をよく知っていて、みんな裏がある。身分の高い警察関係の人が、犯罪人をつかまえて処置した、「よくやった」という話で終わりそうなところを、「実はその犯罪人は貴方の召使いでしたよね」ということを部下が暴露する資料が出てくるわけですよ。

おそらく世の中で、いわゆる「まっとう」な生活をしている人には、思いもつかないような話です。これは裏情報です。そうしたものが「罪刑（犯罪）資料」には結構あるんです。だから「罪刑資料」は面白くて仕方がない。そういう裏の実情を部落の人たちは結構知っているから、そこから社会を斜め（なな）に見ることができる。その人が、「裏がきっとあるぜ」というふうにとらえて調べると、いろんな大切な事実がそこにあったのかもしれないな、っていうふうに思いました。

外川　教育の立場から言うと、渋染一揆が、だんだん教科書から消えている。とくに中学校で、いくつかの出版社がもう書かなくなってきた。数ある一揆の中で、なんでこれだけを取り上げないかんのか、という意見もあるし、一揆そのものを、体制に対する反乱やないか、という考えもあるのかもしれない。しかし、これだけ一揆の顚末の記録が綿密に残ってるものは、ぜひ大事にしていきたいなと、すごく思います。

それと、岡本さんも言われたし、みなさんおっしゃるんだけど、「子や孫のために」っていうことね。社会のために闘うってのは、自分のことだけじゃなくて、子や孫のために闘っていくことだということを伝えたいな、っていうふうに思いますね。

解説　渋染一揆を闘いぬいた人々 ―― 第5巻

江戸時代も末期を迎えると、幕府や藩の財政は苦しくなり、経済の引締めが相次いで行われました。「身分相応の暮らし」を命じる政策は、崩れかけていた身分制度を改めて強化することになりました。岡山藩では、庶民に出した倹約令を徹底するため、被差別身分の人々には、「柄のない渋染めか藍染め以外の着物の着用を許さない」というさらに厳しい御触れを出します。あからさまなこの「分け隔て」の「差別」を認めるわけにはいかないと、藩内五三ヵ村の人々は、のちに「渋染一揆」と呼ばれる大規模な抵抗運動を起こしました。人々は、知恵を出し合って「嘆願書」を作成し抗議しますが、それが突き返されたことから一五〇〇名もの人々が「強訴」に立ち上がり、整然とした闘いでこの「特別の（別段）御触書き」を取り消させました。さらに、その責任者として入牢させられた一二名を助け出すため「赦免」を求めて闘い続けました。

このDVDでは、地元の方々の協力を得て現地を取材し、原典資料を詳細に分析し、この渋染一揆の経過を丁寧に追いかけ分析しました。人としての尊厳をかけ、社会情勢を見抜き、知恵と力を合わせて闘った人々から、いま学ぶべきことは何かを問いかけます。

■チャプター構成

第一章　分け隔てを許さないと立ち上がった人々
プロローグ／百姓とは別の御触書
知恵を集めた嘆願書／訴えるしかないと立ち上がる
第二章　投獄された仲間を助け出した人々
厳しい取り調べと投獄／助命嘆願の闘い／エピローグ

■関連する教科書記述例

●渋染一揆　岡山藩では、財政が苦しくなったので、節約するよう人々に命令しました。そのとき、百姓や町人とは別に身分上厳しく差別されてきた人たちには、渋や藍で染めた無地の木綿以外の着物はいけないとか、雨のときでも、かさをさしたり、げたをはいたりしてはいけないなど、差別を強める命令を出しました。百姓身分と同じように年貢を納めているのに、あまりにもひどい差別だと、かれらは立ち上がりました。これを渋染一揆といいます。53か村というたくさんの村から、代表として千数百人もの人たちが藩の役所におしかけ、牢に入れられた人々もでましたが、とうとう、この命令を実行させませんでした。
（小学校社会六年T社二〇二四）

●渋染一揆　1855年、岡山藩は藩政改革を進めるため、29か条の倹約令を出しました。このうち5か条は、えた身分に人々を対象とし、衣類を新調する際には柄のない渋色（茶色）か藍染（青色）に限る、などと記されていました。これに対し、えた身分の人々は、自分たちも田畑を耕し、年貢を納めている百姓であると主張し、別扱いしないでほしいと藩に嘆願しました。それが拒否されると立ち上がって一揆を起こし、5か条を実質的に撤回させ勝利を得ました。えた身分の人々の一揆では最も規模が大きい戦いでした。
（中学校歴史Te社二〇二一）

7 明治の時代と廃止令をどうとらえるか
――「明治維新と賤民廃止令」(第4巻)

■明治維新を新しくとらえる……………………

外川　次は、第4巻「明治維新と賤民廃止令」を検討しましょう。この明治維新のＤＶＤを作っているとき、部落出身者で組織された維新団を、どう扱うかっていう、なかなか難しいところがありました。今まで学校現場で、維新団を取り上げた授業なんか、ほとんどしてこなかったと思うんですよ。あえてそれを取り上げたので、正直言うと、「作っても、使ってくれるんかな、学校現場」と思いながらやりました。けれど、日本視聴覚教育協会から「優秀映像教材（二〇一六年）」に選ばれて、銀閣のＤＶＤに続く受賞だったので、驚きました。

教員も、維新団なんかが出てきて、びっくりされたでしょう。

武田　あのね、この巻は今まで使ったことがないんです。部落の歴史で維新団をどう位置づけるのか、私自身がよくわかってないっていうのもあるんですけど、使ったことないんですよ。でも今回ＤＶＤを観て、部落の人々の明治維新への活躍もそうですが、幕府が倒れた後に、維新政府が部落の人々に、もう手のひら返したように冷たい、ぞんざいな扱いをしたっていうようなことに気づいたし、なんていうかな、明暗のコントラストというか、これを使った方が、その後の明るさっていうのが、ちょっとはっきりするのかなと考えるようになりました。「解放令」も、実は差別からの解放じゃなかったっていうところを含めて、はっきりするのかもっていうのをすごく感じて、使ったら面白い。でも私がもうちょっと勉強せなあかんと、今すごく思っています。

外川　岡本さんは授業の中で使われたのですか。

岡本　使わせてもらいました。多分、歴史好きの子たちにとっては好きな場面ですね。

シリーズ「映像でみる人権の歴史」（全10巻）と受賞した優秀映像教材選奨優秀賞の盾（一部のみ）

外川　難しくはなかったですか？

■難しいが面白い明治維新

岡本　観ていて難しいというより、考えさせられる部分が多いので、面白いＤＶＤと感じるんです。観たあとで気づいたんですけど、後の水平社や戦争との関係にも、キチンとつながる話なのかなって気がしました。

　子どもたちもですけど大人も、三武将（信長・秀吉・家康）の話の次ぐらいに、テンション上がるのが、明治維新なんじゃないかな。自分もそうですが、うまく使えばここで熱量が高くなる教職員も多いと思う。上手に言えないんですが。

　ただ子どもたちの「ふり返り」の言葉を読むと、子どもたちの多くが、「解放令」にカギ括弧をつけることをすごく大事にしていて、板書と同じようにちゃんと付けてくれるんですよね。ここが本当に大事なとこで、カギ括弧があるということは、「解放令」が「差別された人々の解放」につながったわけではないということ。絶対ここは押さえておかなあかんところだと思う。そこを押さえないと社会科の授業としては「あかんな」って思います。

　このＤＶＤを観て一番最初に考えたのが、大塩平八郎のことだったかな。うちの学校の近くに、大塩平八郎にゆかりの建物があったんです。だから授業で大塩の話をたまにするんですけれど、大塩の勉強をしてきたからでしょうけど、幕府の役人であっても差別のおかしさについて考えた人がいたんだっていうことですね。

幕末に、日本が開港して外国の人が来る。髪の毛や肌が自分たちと違うという強烈な違和感とともに、差別していた部落の人たちが同じ人間だってことに改めて気づかされる。それは、外国人に対する新しい差別かもしれないですけど、そこで人々が、なんか今までの世の中と違うと気づき始める。そこから、「差別された人々も一緒に外国人と闘うなら、身分解放するぞ」っていうやり方を長州藩がしていった。差別された人々は、それを信じて、一所懸命に戦争に参加した。明治維新では、戦いのプロである武士の率いる幕府軍が、民衆が主力となった明治政府軍に「負けた」とも言える。ただそのときに差別された人々の部隊が前線へ行かされたんだってこともDVDを見ることでわかってくる。

その前線に行った部隊が、幕府側の前線部隊を倒したというのは、まさしく象徴的な話だと思うんです。幕府が築いてきた支配体制下で差別され、違うところに置かれた人たちが、差別した側を倒したっていうのは、すごく強調されるべきところなんじゃないかな。DVDでも強調されていますよね。子どもたちもそれを印象的にとらえていたと発言から感じました。歴史のターニングポイントなんだろうな。

■部落の利用と差別の果てに賤民制度を廃止…………

岡本　DVDを観るまで知らなかったんですけど、幕府は長州に負けると、次に弾左衛門に動員を呼びかけるんですよね。どんなつもりで呼びかけたのか。戦争のときって、やっぱりそういうことするんだなとすごく思いました。その後、さっきのお話にもあったんですけど、幕府が倒れそうになった瞬間から、もいちど手のひらを返すようになる。戦死者を一緒には祀らないとか。そこにまた排除の差別を作る。天皇が江戸へ向けて進軍するとき、部落を筵（むしろ）でかくしたり、姿が見えないように外出禁止をさせる話も、知ると驚く事実ですよね。

ただ、この事実を伝えるだけでは、結局この人らも、部落を利用した単なる悪人だ、で終わりがちになると思うんですよね。でもそこで終わった絶対ダメですよ。「権力者ってやっぱり悪だよね」で終わってしまうと、そこで思考が止まってしまう。だから、なんでこの人たちは賤民廃止令（「解放令」）を出したのかと子どもたちに問いかけてみました。子どもたちは、純粋にというか曖昧な感じで「新しい時代になったからだよ」と答えてくれました。その意図の説明が、DVDではわかりやすく説明されてますよね。税金を集めたかったんだっていうことをはっきりと説明している。現実を見せてくれますよね。

やっぱり税金を取るのが目的で、それまで部落に税金をかけてなかったところが部分的にあって、そのシステムに問題があるから「そのシステムを潰しましたよ」ってだけの話だった。だから、本当にあれは、賤民制度、つまり身分制を廃止しただけなんだということ。この単元の「解放令と賤民廃止令がどう意味が違うねん」っていうのが、すごく説明しにくいところではあるんです。ただＤＶＤを観た後「なるほど、税金を集めるのにこの仕組みが不適当だったから廃止しただけなんや」「(明治政府の) 意図がすごくわかった、だからそれを括弧付きで『解放令』と呼び続けているんだと思った」と子どもたちがふり返りで書いていました。ふり返りを読んだ感じでは、子どもたちが、大事な部分に気がついたと感じました。また、明治政府の動きも「すごくわかりやすいな」と思いました。

とくに子どもたちと確認したのは、明治政府は差別を本気でなくす気はなかったんだということ。「身分制度を廃止しただけだから解放ではない」とか、「ＤＶＤにも描かれていたけど、戸籍を通して差別することを認めたのは誰だったか」とか、「いったいあれは誰のための布告だったのか」など、いろいろな「問い」を子どもたちと話しながら、水平社宣言につなげようとしたことを思い出しました。

■差別問題から逃げた賤民廃止令

岡本　ＤＶＤを観て、いわゆる「解放令」の意味がすごくわかりやすくなった。同時に、これを水平社宣言にしっかりとつなげないと、もったいないと思いましたね。

子どもたちも、そのところはすごくわかっていて、あの「解放令」で差別がなくなるはずはないし、明治政府はお金のことばっかりで、庶民からしたら、江戸時代とあんまり変わってないんじゃないか、とか言っていました。そんな中でも、自分が印象深く覚えているのは、子どもの「ふり返り」の中で、「明治政府は差別をしなくてもいいとしただけで、差別を禁止してないから、差別されやすくなったって知った」っていうのがあったんです。「なんで差別を禁止しなかったんだろうと思います」っていうその子の文章を覚えてますけど、感覚がすごいなって、思いましたね。

上杉　へええっ、鋭いですね。

外川　差別するしないは、あなたの自由ですよ、どうぞと。明治政府は責任逃れをした、ということでしょうか。

岡本　子どもが、とても深い疑問を持ったんだと思います。だから、こんなことがあっての「水平社宣言」なんだろうなと、改めて思ったんです。この流れを子どもたちに説明するのって難しいと思うんですけど、ＤＶＤを観て進めると、すごく説明がしやすかった記憶があります。

上杉　僕は、実はね、この巻を作るのが、全巻の中で一番苦しかったんです。自分の本として一冊にまとめた箇所（『明治維新と賤民廃止令』解放出版社）を、一八分のＤＶＤ一本にまとめなきゃいけないわけです。どうしても言葉足らずになって、書き足そうと思えばすぐ増えてしまう。短く、短くし、もう少し明るい面もどこかに入れたいという気もあったけれど、さらに研究を進めていくと、なんと壬申戸籍への差別記載を認めたのが、その布告を作った中心人物の井上馨だったことがわかりました。まさかそんなことまではやってないだろうと、密かに期待はしていたんですよね、だけど裏切られた。

外川　もともと上杉さんは、「解放令」の研究から入られたんですよね。

上杉　そうです。私の研究者生活は、ここから始まっていたんです。だから、あの廃止令（「解放令」）を法として制定した最高責任者だった井上馨が、差別をなくすことを、もともと考えていないことは覚悟していました（笑）が、あろうことか彼は法を制定した後も壬申戸籍を通して差別戸籍を作り続けることを容認した政策を採っていた、それがわかったとき、私はちょっとした鬱状態になりました。その期間は一ヵ月ぐらいでしたが、とても苦しかったですよ。

でも、今の岡本さんの説明を聞いて、慰められました。「差別に対して何も言うてへんじゃないか」って、そうなんですよ。あの布告は、差別を放置したんです。それが一番大切なところです。「あの布告は、欠陥商品だった」っていう判断が、そこにあります。それに子どもたちが気づいてくれたっていうのは、はぁーっ、作ってよかったたあ。（笑）

■「夜明け前」の明治

上杉　ただ、このＤＶＤは、とっても暗い明治維新論になりました。その点で、子どもたちにとって、続けてなるべく早く、水平社を取り上げる第7巻へと進んでもらわないと辛いかもしれません。一般的な歴史観からしても、まだ「明るい明治」が主流ですから、教員もやりにくいと思います。

明治のこの「暗さ」を強調した人はたくさんいます。島崎藤村の代表作、小説『夜明け前』で取り上げたのが、いったいいつの時代のことかといえば、幕末ではありません。「夜明け前」とは、主人公の青山半蔵が明治という時代に絶望して精神を病み、座敷牢で死ぬことを強いられた明治を指しています。明治新政府は、年貢半減令の嘘をついて権力を取ってのち、農村に寄生する大地主が、農民たちの土地を奪って小作の群れを作りました。それが明治時代でした。村を出て都市の貧民となった労働者の苦しみは、『職工事情』に詳しく書かれますが、それも明治時代のこと。足尾銅山鉱毒事件が起きたのもこの時代。そして何よりこの時代にも、中世から続いた過酷な部落差別が存在し続けた。それを描いたのが、藤村の『破戒』でした。この本が出版されたのは、一九〇六（明治三九）年のことでした。明治が「夜明け前」を示す象徴的な件だったわけです。

そして、農村に残り続けることができた小作人たちも、銀シャリ（白米のごはん）を腹いっぱい食べられるのが、むしろ軍隊だとなって、それに釣られて入隊し、アジアを侵略した日清・日露の戦争の担い手になりました。それも明治でした。

「明るい明治」というイメージ操作は、権力が仕組んだものでしょうね。島崎藤村は絶対に明治を「夜明け」として描くなんていうことはありえなかったわけです。

明治時代のイメージの作り直しは、歴史の科目全体でなすべき課題ですが、このＤＶＤは、それを部落問題から始めたものと考えて、どうかしっかり考えつつ取り組んでください。

解説　明治維新と賤民廃止令——第4巻

部落問題には「迷信」がいくつもあります。一八七一（明治四）年に明治政府の出した「穢多・非人」に関する布告もその一つです。これは「解放令」と呼ばれてきましたが、原文のタイトルには「布告」とあるだけで「解放」の文字はどこにもありません。それが誤って「解放令」と呼ばれるようになるのは五〇年後のことでした。このため本巻では、研究に基づく厳密な呼び方として「賤民廃止令」を使いました。

部落差別を撤廃する本格的な動きは、幕末の長州藩で身分を超えた軍隊・奇兵隊が作られ、差別されていた人々が「維新団」などの名で命をかけて幕府軍と戦い、大活躍をしたことに始まります。しかし幕府が倒されると、人々は明治政府に裏切られ、そうした流れの中で「賤民廃止令」が出されたのです。

このＤＶＤでは最新の研究をもとに、明治政府が、差別をなくすためでなく、地租改正により税を取る目的でその「賤民廃止令」を出したこと、したがって壬申戸籍に差別的な記載をすることを政府自身が許可したことなども、公文書をもとに丁寧に描いています。近代社会においても「部落差別」が存続した構造をはっきりと浮かび上がらせています。

■チャプター構成

第一章　身分差別をなくす動きが始まる

プロローグ／差別をなくす考え方

長州藩の部落民登用／部落の活躍と長州や幕府の裏切り

第二章　「賤民廃止令」の公布とその意図

賤民廃止令の作成と公布／廃止令・壬申戸籍と井上薫

エピローグ

■関連する教科書記述例

●また、百姓や町人からも差別された人々も、平民となりました（「解放令」）。しかし、差別をなくす政府の積極的な政策がなかったこともあり、結婚や就職などでの差別はなくなりませんでした。そこで、「解放令」をきっかけに、みずから解放を求める動きが各地でおこりました。（小学校社会六年Ｎ社二〇二四）

●また、１８７１年の布告（いわゆる「解放令」）によって、江戸時代に差別されていた人々の呼び名が廃止され、身分・職業も平民と同じであるとされました。これにより、古い身分制はなくなりましたが、国民全体がすぐに平等になったわけではありませんでした。新政府は、差別されていた人々の生活を改善する具体的な政策をとらず、長く続いた慣習や差別意識も簡単には改まらなかったので、結婚・就職・居住などに関する差別は根強く残りました。（中学校歴史Ｔｅ社二〇二一）

8 人間は尊敬すべきもの――「水平社を立ち上げた人々」（第7巻）

外川　米騒動（一九一八年）を経て、日本社会は大きく変わり、ようやく水平社が創設される一九二二年を迎えるわけですね。第7巻「水平社を立ち上げた人々」、この巻にもいろいろ工夫をしました。武田さん、これはよく使われている巻と聞きましたが、子どもたちの受け止め方はどうですか？

■尊敬を通して人は平等になる……………………

武田　あのね、もうね、これ観るだけで、十分っていうもの。ほんまに、そんな感じです。全国水平社の話は、間違いなく社会科でもするし、人権学習でもする。でも、文字だけでなく西光万吉さんの生い立ちであるとか、思いであるとかっていうのを感じることができて、自分が彼になりきるくらいの心情が、すごく伝わってきます。山田孝野次郎さんのことも、少年水平社を立ち上げて、「なんで学校に、何のために行くんや。私たちはのけ者にされ、いじめられるために通うのか」っていうところも、子どもが、自分で授業を受けているその教室、学校生活に、リアルに引き寄せて考えられるって思いました。

そして、あとはあの田中松月さんの生の姿、生の声が入ってるDVDっていうのは、ほんまにリアルでした。「これはすごい」って。どうしても、過去のストーリーとか、登場人物を説明すると、「やっぱり歴史」ってなってしまうけど、あそこに田中松月さんが出てきてくれたので、「あ、もう、この時代に生きて、こういう思いをされていたんだ」っていうのが、ほんまもんの声として響きました。

事前に、水平社宣言のキーワードが「尊敬」っていうことを上杉さんのお話を聞いて学んでいたので、このDVDを最初に観たとき、もっとあちこちに「尊敬、尊敬、尊敬」って出てくるんかなと思ってたんですが、ほどよく控え目。やっぱり子どもたちに、水平社宣言の中から、キーワードは何かっていうのを子どもたち自身で考えさせたいし、子どもたちから出させたい。

私は、直接子どもたちに「差別する、の反対語は？」っていう質問をして、十分時間を取って考えさせたいので、ほどよく、どのタイミングでも見せられる、うまくはまるな、って思いました。

上杉　水平社宣言のキーワードは、これまでよく「熱と光」とされてきましたが、このＤＶＤでは西光万吉が「あの宣言の中心的な思想、根本的な考え方というのは、人間は尊敬すべきものだ」と言っています。同じ時代の多数の発言や資料も、それを証明しています。「熱と光」は、その「尊敬」という行為が生み出す結果を示しているのだろうと思いますので、そのあたりを整理していくことが要るかもしれませんね。

武田　私の市の学校でもこれをよく使っていて、今日は感想を借りてきたんで、その中から印象的なのを一つ紹介しておくと、「水平社の宣言文が、いかに覚悟を持って書かれたのかがわかった。自分でもあんまりその気持ちを言葉にするのは難しいけど、表すのなら『尊敬』という言葉かと思いました」って。この感性、そう、すごいなあって思って。気持ちを表すのは難しいけど、「表すなら尊敬」って、こんな感性を持っている子ども、それをこういうふうに出す授業ができたっていうのは、いいなって思いました。

その続きには、「過去を踏み越えて、新しい世を満たした水平社の人たち。彼らは差別していた人より新しい世界を歩んでいるんだと思った」って、素敵な感想を書いてくれました。

外川　ありがとうございます。ねらったこと、努力したこと、甲斐がありましたね。こだわったことも。

■当事者だけが言える言葉……………………

上杉　田中松月さんの動画を喜んでいただけてたいへん嬉しいのですが、いろんなことをおっしゃる方もいて、「あの時代に、どうやって福岡から京都まで行ったんか、売名行為からの嘘やろ」という批判もありました。だから、事実関係をキチンと調べて欲しいというご要望が、ご遺族から制作過程で寄せられました。それを外川さんとタッグを組んで、田中松月さんは当時、福岡から僧侶になる勉強のために、京都に住んで学校に通っていたことが、たくさんの資料から証明できました。しかも、水平社創立大会の前日に京都で撮った写真まで見つかったので、研究上も大きな成果のある巻になりました（このあたりは、ＤＶＤの添付資料に詳しく解説しています）。

武田　田中さんが、岡崎公会堂の前で「入ろうかな、どうしようかな」って、ずいぶん迷ったという話が、ＤＶＤに紹介されていましたね。

上杉　あれは、やっぱり体験者しか言えない言葉ですね。法律用語で言うたら、「秘密の暴露」、つまりその現場にいた当事者しか語りえない言葉の一つです。売名行為で行ったのなら、迷ったりしないですね。この言葉は、「参加したい、けど差別されるかも」という揺れる心理をよく表していますね。

岡本　僕も、ここは研究授業をしたところになります。上杉さんにも来ていただいたんですが……。

上杉　生徒から、「先生、今日緊張してません？」って言われるくらい緊張してましたね。（笑）

岡本　すっごいガチガチでしたね。久しぶりに人権の公開研究授業ができることになり、他校にも声をかけていましたから緊張しました。でも、「水平社宣言」が大事だということを、上杉さんから「差別する」の反対語は何かと問われて、「尊敬する」っていうことだと教わったときにすごく自分の中に落ちたというか、「わかった」と思ってやりました。

自分としては、「人って他人をなかなか尊敬しにくいんじゃないかな」っていう思いがありました。勝ち負けを考えたり、妬んだり、嫉妬したり。子どもたちにもその部分ってあると思うんです。だから「尊敬する」とはどういうことなのか。ここは、子どもたちとしっかりと考えて、確認しないといけない。そうすることで差別に気づいたり、差別しない自分になれるかも知れない。その思いから授業でキーワードにしたのを覚えています。

ＤＶＤ第7巻を、子どもたちと一緒に観たときの子どもたちの発言ですごく印象的だったのは、やっぱり西光万吉が学校を追われるところ。「差別が追いかけてくる」っていう言葉がすごく心に刺さったという子がいて、「自分だったら絶望するだろう」と共感した上で「立ち上がって闘った西光さんたちの勇気に感動した」という「ふり返り」を書いた子がいました。

田中松月さんの話では、田中さんが岡崎公会堂に入るか、入らないかで悩んだ気持ちを子どもたちも理解していました。それでも入ったときの嬉しい気持ち、そこに千人もの人が集まったっていう話を聞いて、子どもたちが、田中さんはどんな思いを持ったのだろうかと考えていたことを覚えています。

米田富　阪本清一郎　南梅吉
西光万吉　山田孝野次郎
桜田規矩三　駒井喜作　平野小剣

■教室から反戦を訴えた山田孝野次郎

岡本　山田孝野次郎さんが「学校での差別をなくす」と訴えたこと。それをスタートとして戦争する社会に反対していった。当然、学校での差別は山田さんにとって自分ごとだった。ただ「戦争する社会に反対する」って、もっと大きい話になると思うんですよね。でもそのように進んだことってすごく大事だと思うんです。今もこの国の社会や世界で起きている差別とかＳＤＧｓ。考えていかないといけない人権課題や問題ってたくさんあるし、大事なことですが、まず「学校とか自分のまわりから差別をなくす」。山田孝野次郎さんの語りから子どもたちがそう考えるきっかけを持ってほしいと思いました。

外川　この巻は二部構成にして、山田孝野次郎を二部の中心に持ってきました。部落問題学習の経験のない学生たちでも、「彼の写真は見たことある」と言うんです。必ず、小中学校の教科書に彼の写真は出てるから、それを入り口にするため、どうしてもＤＶＤで彼を取り上げたかったんです。

解説　水平社を立ちあげた人々──第7巻
─人間は尊敬すべきものだ─

一九二二年三月三日、京都の岡崎公会堂に差別されてきた人々が集まり「人間は、差別するものでなく、尊敬すべきものだ」と宣言し、「全国水平社」を結成しました。

この中心人物の一人で宣言の起草に関わったのは西光万吉でした。当時、差別は当たり前のように行われており、万吉も学校でひどいいじめを受け、悩み苦しみました。しかし、支えてくれた仲間たちと「差別をなくすには、自分たち自身が立ち上がらなければ」と水平社の創立を呼びかけました。呼びかけに応えて九州、四国、関東などからもたくさんの青年が創立大会に参加しました。その中には、当時まだ一六歳だった山田孝野次郎もいました。彼もまた病気と闘いながら各地へでかけ「泣いていてはだめだ」と命の限り訴え続けました。

このＤＶＤは、日本の人権の歴史を大きく変えた水平社創立の背景や、創立大会の様子、そこに参加した人々の想いを現地や関係者を訪ねて取材し、明らかにしました。

自分たちの力で差別をなくそうと立ち上がった人々の姿から学ぶことにより、「差別」や「いじめ」を根絶するために、いま何をなすべきかを問いかけます。

■チャプター構成

第一章　「差別ではなく尊敬を」と訴えた人々
プロローグ／西光万吉の生い立ち
夜明けをめざして／創立大会をめざした人たち

第二章　子どもたちの訴え─差別も戦争もいやだ─
山田考野次郎の訴え／少年少女水平社の創立
エピローグ─よき日のために─

■関連する教科書記述例

●山田少年の差別をなくすうったえ　1922年3月、京都市岡崎の公会堂で、全国水平社の創立大会が開かれました。この大会では、人間を差別する言動はいっさい許さない、と決議され、各地から集まった代表者たちは、その喜びと決意を口々に述べました。少年代表者である16才の山田少年は、差別の現実を報告し、「差別を打ち破りましょう。そして光り輝く新しい世の中にしましょう」とよびかけました。
（小学校社会六年Ｔo社二〇二四）

●全国水平社の結成　差別の問題は、明治時代になると再び社会問題として注目され、差別をなくそうとする運動が各地で起こっていました。しかし、社会全体を動かすまでにはいたりませんでした。こうした状況を大きく変えたのが、1917年のロシア革命や翌18年の米騒動でした。差別された人々が米騒動に多数参加したため、政府は生活改善の対策を取る必要があると考えました。しかし、政府に頼るだけでは差別問題は解決しないとして、差別された人々は、1922年に全国水平社を結成して平等な社会の実現を目指し、みずからの力で差別をなくそうと立ち上がりました。また、差別された人々によって銀行もつくられ、近代化が目指されました。
（中学校歴史Ｔe社二〇二一）

9 憲法が求める部落差別の解決
——「日本国憲法と部落差別」(第6巻)

渡すと、「うわー、憲法制定のときに、こんなすごい論議してはったんや」と、ずいぶん驚かれました。皆さんもこの巻をご覧になって、いかがでしたでしょうか? さっき、憲法が今、改めて大事だというお話もありましたね。

岡本 私は、この第6巻を子どもたちと、戦後の憲法制定について学習するときに使いました。

社会科は、今の憲法ができた後に発足した教科。だから「人権」と「民主主義」を保障する憲法を、主権者である子どもたちとどのように学ぶのかというのは、社会科の大きなテーマだと思います。同時に憲法というものを小学校の段階でどう学び、中学校へ行ってもらうか。これも自分の中の課題としてありますね。

難しい点があるとすれば、むしろ水平社創立後の取り上げ方かもしれないですね。戦争というとても大きな出来事ということもありますので。憲法のそのものについては、第一四条の

■憲法には当初から「差別されない権利」が……………

外川 自分からこう言うのは気が引けるのですが、これも画期的な巻が、第6巻「日本国憲法と部落差別」です。これを私たちが作成した時期は、憲法改正が現実味を帯びていたころでしたので、上杉さんと相談して、作成の時期を急いだため、シリーズ全体はなるべく時代順に作る予定だったのですが、早めの巻になってしまいました。しかし、企業の人権担当者の方々から、当時、「この巻を憲法を守るため総力をあげて広げたい」というオファーがあったりして、かなり意義のある巻だと思います。

そういう、時流とからんだ点とは別に、改めて部落問題の解決と憲法そのものが、根本においてどのような関係にあるかは、今のこの状況の中で、しっかり考えていかないといけない重要なテーマだと思います。さらに係争中の「全国部落調査」復刻版裁判で原告が求めた「差別されない権利」などについても直結します。第6巻で取り上げた資料を知り合いに

「社会的身分」に部落を加え、差別禁止を憲法に盛り込んだことが最も大切な点だと思います。

観ていて面白かったのは、いろんな人の考えを、出演した役者さんがちゃんと踏まえて、「憲法はアメリカが作ったもんだろう」みたいなセリフをさらりと言います。それに対して「いや、あれは日米合作だったんだよ」ってはっきり言い返す場面。あそこはすごく大事で、当時も今もそうですけど、「憲法は押し付けられたもんやから、大事にせんほうがいいやん」的な意見もありますので。

外川　憲法が制定された当事から、今もそうですね。

■部落は「社会的身分」の名前で憲法に加えられた……

岡本　戦後、この国は憲法を根っこにして、やってきた。だから制定当時の様子を詳しく描いてくれた点は、観ていて気持ちよかった。率直な感想です。

第一四条のいわゆる「社会的身分」の話なんですけど、それは「生まれによる差別のこと」っていう国会答弁を日本政府の高官がしていますが、当時の日本側としては、アメリカに戦争で負けて、「実は国内に、こんな問題（部落差別）もあるんです」とは、言いづらかったやろうなって……。ただ自分たちが言いにくいその部分を、ローストさんという、日本の部落差別についてアメリカにあった日本人収容所を通して知った人に指摘される。

そこが、まぁすごいというか。日系人を収容所に入れたということに対してアメリカは謝罪したっていうのもありますが、戦争のときのアメリカって、日本のことをそこまで調べていたのかと思いますよね。外国へ行ってまでも部落差別が追いかけ続けていたっていうのも驚きですよね。子どもの中にも、水平社宣言の学習のときに、「差別が追いかけてくる」っていう表現が印象的だった子がいて、その後もずっと意識していたみたいですが、このＤＶＤを見たときも、「外国へ行ってまで追いかけるんだ」って驚いていたのが印象的でした。

また第一三（のち第一四）条のアメリカ側原案に、「カースト」という言葉を使っていたところ。そこに部落問題を加えるとして、「カースト」のままだと、むしろ貴族や華族の意味が強くなる。だから「ソーシャル・ステータス」、つまり「社会的身分」の言葉を「部落問題を特定する語として新たに加えた」というナレーションが出てくる。それについて、僕が最初に観たときの感じとしては、「外国に言われて、初めて部落差別を認めざるをえんかったんか」って、すごく思いましたね。

そして、「社会的身分」を「生まれながらの、容易に変え

国会の委員会で修正した日本国憲法草案

られないものによる差別」という表現によって、この人たちへの差別が厳密に定義された。「どんな議論をしてそこまで突き詰めることができたんやろう」「当時の人はどう考えてそこまで到達したんだろう」って、すごく考えさせられました。

■日本国憲法こそ解放令

岡本　そこから、日本側の国会の委員会できちんと議論して、憲法原案にあった「差別を受けない」を「差別されない」へと変え、差別を禁止する意味を加えて、「差別そのものの存在を許さない」に近い表現にしたのだと感じました。この部分を子どもたちとすごく考えたのを覚えています。

ＤＶＤでも登場人物の役者さんにより、「憲法は、差別を禁止している」「部落差別を許すことは憲法違反なんだ」っていうところが会話の場面に出てくるんですけれど、やっぱり憲法によって自分たちの暮らしとか社会が成り立っている以上、差別があるっていうのはすでに憲法違反だし、「許したらあかんのは誰なんや」と問い返していますよね。

日本国憲法を守らせるのは私たちであって、守って実行するのは国。それがそう機能するように私たちも頑張らないといけないわけですよね。だから差別を許しているというこの状態ではダメだし、それはこの教室という小さな社会であっても同じ。そのことを子どもたちと話し、重ねて確認しました。

そして、ＤＶＤの最後に、金森徳次郎憲法担当大臣が、「憲法も法律も差別に対して眠らない、起きて見張っている」ていうのが、第一二条の「不断の努力」の条文と重なって、「ここが肝心なんだろうなあ」って思いました。

子どもたちと最後にまとめとして確認したのは、カギ括弧付きの「解放令」とされて来たあの「解放令」はそうでなく、憲法第一四条こそが本当の解放令であるっていうのを、しっかり押さえよう、ということでした。

あと、「差別されない」という表現には、絶対に差別を禁止するとか、差別を許さないっていう当時の人々の思いが含まれていたことも押さえておかなければいけないと思うんです。だからいじめや差別を許すことは、やっぱり我々が憲法をないがしろにしていることにつながる。いじめ、差別というものを存在させたらだめなんだってところをもう一回、子どもたちと確認できるＤＶＤだと思って、当時使っていました。そうしたら第10巻もできたので、順番が変わるかもしれないですけど。（笑）

外川　僕は、第６巻をまとめるまで、憲法にそんなに詳しくなかったけれど、必死になって調べて、ここまで勉強しないとあかんのや、と思ったことをすごく覚えてます。マッカーサーが憲法をすべて押し付けたような印象操作が広がっていたり、私だって、ベアテ・シロタ・ゴードンの『１９４５年のクリスマス』（柏書房）って本を読んで、彼女が一人で基本的人権の条項を書いたと思い込んでいたりしていましたが、そうじゃなかった。アメリカの法学のプロパーがやってきて、アメリカよりもっといい国を作ろうとして、この憲法草案を作り、民主的に選ばれた国会議員が真剣に話し合ってよりよいものにしたことが、議事録を読んですごくわかったんです。今また時代が悪くなる気配がありますが、この憲法には相当な覚悟があるな、と思わされました。

■憲法を通して子どもたちと語り合いたい…………

武田　私はいつも、賤民廃止令の授業をするときに、「解放令」は差別からの解放ではなかったんや、差別を禁止する、差別をなくすための法令ではなかったんや、っていうことを強調します。そこに合わせて、「じゃあ差別はダメや」と、「差別はしてはいけないっていう法律とか決まりは今の日本にはないんか?」って、考えさせ、「それが憲法第一四条であり、部落差別解消推進法や」っていうのを、賤民廃止令のところから、ダーッと持っていくんです。というのは、差別をなくすためではない「解放令」のところを学習するのがあまりにしんどくて、少しでも前向きな話をしたいと思うので。

憲法のところに進むと、「今の憲法には書いてあるで」ってようやく言えます。そして「つい最近もこんな法律（部落差別解消推進法）ができたで」って伝えることができます。そして、社会科の教員に、ぜひ教科で憲法を学習するときに、人権学習でやったことを押さえてもらえたら嬉しいなあって、お願いしてきました。

この巻の、自分は部落差別を受ける立場やっていうことを友達に話す子が出てくるあのシーンって、やっぱり重要だと思うんですよ。私も、自分の教え子に、「自分は部落やけどどう思う？」って訊かれたとき、やっぱり答えられなかった。「関係ないやん」ってしか言えなかった。そして、そうとしか言えなかったことをとても後悔しています。

だから、卒業を間近に控えた子たちには、中学校卒業したら本当にいろんな出会いがあって、こうやって友達からカミングアウトされることもあるで。そのとき、自分やったら、どう答えれるか、どんな関係を築いていけるかっていうのを、常にやっぱり考えさせたいなあっていうふうに思っています。あのシーンを見てすぐ、そこまで考えれるかはわからないですけど、そういうことをやっぱり考えてほしいなあ、気づいてほしいなあ、またそんな相談をできる、してもらえる関係を作ってほしいなあっていうのを、あの部分で、感じ取れるような何かを授業でできたらいいなって、思います。

あとはやっぱり、この時代に、国会で、部落問題について話されてたっていうのは、すごいって思って、「今、そんなちゃんと話してくれてる？ 真剣に話してくれてる？」って言いたくなりそう。もうただただ、驚いたというか。そこはすごく感動したな、って思います。

解説　日本国憲法と部落差別――第6巻

第二次世界大戦が終結し、アジア諸国を侵略していた日本は敗戦国としてアメリカやイギリスなどの連合国の占領下に置かれました。進駐したＧＨＱ（連合国総司令部）は、民主主義や人権を認めていなかった『大日本帝国憲法』が廃止され、新たな憲法が制定されることを期待しましたが、日本側の作業が進まないために原案を提示しました。このことから、今なお「日本国憲法はアメリカの押しつけではないか」という議論があります。

このＤＶＤでは、どのような経過を経て憲法が制定されたのかを検証し、その過程で戦後初の男女同権による民主選挙によって選出された国会議員たちが、主体的に憲法制定に取り組んだことを明らかにしました。さらに、平和の基礎となる人権尊重の精神がどのようにして憲法に書き込まれたか、とくに第一四条の条文をめぐる論議に注目し、ここに「部落差別の禁止」が明確に記載されたことも明らかにしました。誰一人として「差別されない」と明記された「日本国憲法」こそが、真の「解放令」であることを伝え、「差別を黙って見過ごしてはならない」ことを、今、改めて憲法の意義とともに問いかけます。

■チャプター構成

プロローグ―憲法について調べよう―

第一章　新しい憲法が生まれた

第二章　部落差別は許されないと書かれた憲法

エピローグ―差別を見過ごさないために―

■関連する教科書記述例

●日本国憲法には、すべて国民は健康で文化的な生活を送る権利があると定められています。わたしたちのだれもが、生命や身体の自由を大切にされ、人間らしく生きる権利（基本的人権）を、生まれたときからもっているのです。（略）一方で、就職や結婚などの際に差別を受けるなど、人権が十分に守られないことが起こっています。（小学校社会六年Ｋ社二〇二四）

●国内にも解決しなければならない問題が山積しています。なかでも人権尊重は重要な課題です。部落差別の撤廃は、国や地方公共団体の責務であり、国民的課題です。（中学校歴史Ｎ社二〇二一）

●**差別されない権利とは**　差別とは、人種や性別などの特定の人間の類型に向けられた否定的な感情と、それに基づく言動のことです。「○○は劣っている」「女性は、男性に従うべき」といった評価や、それに基づく言動が差別の例です。差別は、個人の尊重の否定そのものであり、決して許されません。そこで、憲法14条は、法の下の平等に加え、差別の禁止を規定しました。これを実現するには、差別を解消する積極的な政策が必要です。（中学校公民Ｔe社二〇二一）

10 差別を乗り越えた芸能
──「芸能と差別─文化を生み育てた人々」（第9巻）

■被差別者の生業と民衆の楽しみ……………………

外川　続いて、第9巻へのご指摘やご感想をお聞きしたいと思います。

第9巻では、「能」「歌舞伎」「人形浄瑠璃」など芸能の歴史を概観した上で、現代に伝わる徳島県の「門付け芸」や富山県の「おわら風の盆」などを紹介、芸能が差別を乗り越え、民衆によって支えられ、発展し、現在まで継承されてきたことを明らかにしました。

岡本　自分自身の芸能・文化に関する知識が少なく、難しかったです。ただ「歴史が動く」という表現を聞くことがありますが、「歴史は動かす人がいなければ動かない」と昔、先輩の教員に言われたことがあります。そのときから、出来事だけではなく、当時の人々の動きをとらえられるように授業を作ってきました。そのため、授業で歴史的な事象を取り上げる際には、子どもたちに「このとき歴史を動かした（社会に変化を起こした）のは誰だと思う？」と問いかけるようにしています。教科書や資料集には、その時代の中心人物が出てくるので、どうしてもその時代の権力者側に焦点が当たってしまいます。文化という、それに取り組み発展させた人や、それを認めて応援した多くの人々がともにいた事象であっても、同じことが言えると思うんです。しかしこの第9巻では、関わった多くの人々（民衆）によって文化が発展し、今日までつながってきたことに注目できると思いました。

まず、芸能・文化が、財産を持たない人々、差別されていた人々の生きていく手段であったこと、つまりその人々の「生業」であったという史実をしっかり押さえなければいけないと考えました。

そこから、芸能・文化が発展していった経緯、つまり差別された人々が「生業」として自分の技をみがくことで芸能を進化させ、それを受け入れた民衆の手によってさらに発展したという点に、ぜひ注目してもらいたいと思いました。

「能」や「歌舞伎」といったすばらしい芸術を生み出した人々は、差別され、排除され、つらい生活を送る一方で、「既存の価値観などから自由だった」というような言葉が、ナレーションに出てきます。この「自由」ということについても子どもたちとともに考えたいと思いました。

子どもたちは、「自由」という言葉が好きだと感じることが多くあります。「自由でいたい、自由がいい」という姿もよく見かけます。ただ「自由」とは、どういう意味や状態なのかを共通理解できていないと思うときがあります。私自身としては「自由」であるということは、まず古くからある当たり前と思っている価値観に縛られていないことが大事だと思っています。価値観に縛られないことで、なにが本当に美しいのか、素晴らしいのかを判断し、見ることができるんじゃないか。このような観点から、「自由」について語り合うことができると感じました。

DVDでは、能を発展させた世阿弥や観阿弥は自由で、自分と向き合う時間が長かったからこそ、能を芸術的に高めることができたという説明がありました。それについて語り合うことで、「はたして自分の思っている自由とは何なのか？」という問い直しを、子どもたちにしてもらいたいと思いました。

■差別された人々とそうでない人々の協力……………

岡本　江戸時代になり、歌舞伎という仮面をつけない芸能がさかんになった。それは人間のありのままの美しさを尊重できる時代になったことを象徴しているという解説に、なるほどと思いました。

たくさんの人が死んでいった激しい戦乱の時代を経て、人間を尊重し、大事にしようという時代になった。そういう時代に歌舞伎という芸能が生まれたという視点は、すごく大事だと感じました。

それから、幕府はなぜ芸能に従事する人を「差別される存在」にしたかったのか、芸能を弾圧したのか、という点についても自分自身でDVDを観て考えました。その中で、おそらく幕府は、「芸能を愛した民衆」を恐れたのではないかという考えが浮かびました。芸能を取り締まる差別的な法令が出されたとしても、民衆は芸能を興行するための舞台を作ったりして、幕府が弾圧しきれなかった。そのことからも、「歴史は民衆が動かしてきた」ということを伝える教材になると思いました。

またとくに印象的だったのは、幕府が編み笠をかぶっている者を被差別民だとし、強制的に芸能者にかぶせることを決めた。それに対し民衆のほうが「編み笠はおしゃれ」と、それを逆手にとって自分たちでかぶり、価値観を変えていった点です。

誰かに押しつけられた価値観を、違う価値観で跳ね返した。それまであった価値観に染まったわけでも、反抗しただけでもなく、差別された人々は、つねに新しい価値観を創造していった。「自由である」ということとも絡め、その点にも触れたいと思いました。

外川　ありがとうございます。武田さんは、どうご覧になりましたか。

■いまに通じる芸能への思い……………………

武田　昔から私は社会科が苦手で、学生時代に習ったことを思い出しながら観ました。映像で紹介されている人形浄瑠璃の衣装や技術などを目にし、「すごいな」「きれいやな」「手が繊細に動いてるわ」と思い、子どもたちも同じように感じてくれるのではないかと思いました。

足利義満が非人だった世阿弥を差別せず、一緒に食事をしたというエピソードが紹介されていました。芸能の仕事を発展させるには資金や後ろ盾がいるわけで、貴族に限らず、町人や商人の人たちも、芸能する人々を支えた。

そのように、差別せずに芸能を支援したり、芸能を楽しんだりした人たちが幅広くいたから芸能が発展し、ここまですばらしいものになったんだ、と感じました。

初期の歌舞伎では、男女の衣装を取り換えて演じていたとか、ロザリオをつけていた。ということは、性や文化の多様性などが認知されてきた現代にも通じるものだと思いました。

また、三弦（サンシェン）が中国から琉球、そして大阪の堺に伝わり、差別された人によって犬や猫の皮を張るようになり、美しい音色を奏でるようになって、芸能の中心の楽器になった、という部分では、修学旅行で沖縄に行くときなどに、文化と関連させて学ぶことができるかもしれません。

また歌舞伎役者が、目の見えない人から三味線を教えてもらっていた、という史実も、障害を持つ人々を理解することにつなげていける可能性を見出せます。私たちは、カリキュラムがあるとはいえ、その時その時、目の前にいる子どもたちの実態に合わせて「この子たちにはこれを重点的に教えよう」と工夫して授業しているので、「ここを切り取ってみよう」、「ここから発展させてみよう」ということをしやすい教材だと思いました。

私が一番印象的だったのは、ナレーションで、芸能が「悲しみや喜びを演じることで、差別や偏見を乗り越えて、互いの心を理解した」という言葉でした。思いを伝え合うことでわかり合い、つながる。そして、差別を乗り越えることができるということを、子どもたちに感じ取ってもらいたいと思いました。

■芸能の歴史を、浮ついた話にしない……………………

外川 ありがとうございます。上杉さん、いかがでしょうか。この巻は、いろいろなことですごく苦労したんですよね。

上杉 わからないことがたくさんありました。まず、「芸能と差別」について、正確で実証的な論文が少なく、観阿弥・世阿弥が本当に「非人」だったのか、差別されていたのか、もわかりませんでした。今回それを実証し、非人として差別されていたことをしっかり打ち出せました。被差別民の人たちが芸能を作ってきた事実を、まず浮ついた推測の話ではなく、しっかりと事実を押さえて主張したいと、かねてから思ってきました。

それにもかかわることですが、第9巻で、江戸時代の初期に起きた現象として、町人や商人といった人たちが芸能に惹きつけられ、身分を超えて、自分から芸能を演じたということ、それが差別や身分を超える爆発的なエネルギーになったということを描きました。

権力側は、それをなんとか抑え込もうと、民衆を管理するため、人々を身分ごとに登録し、身分の移動を困難にする目的で宗門人別改帳を作成させたり、居住制限をしたりしましたが、結局、芸能者である民衆を完全に統制できなかった。芸能者を差別される姿にしようと被せた編み笠（写真）を、一般民衆はとぼけて「かっこいい」と取り込んでしまった。芸能がそうしたネルギー持っていたということを描かないといけないと思っていました。

つまり、まず差別された人たちが芸能を興したこと、そして、権力がその拡がりを抑えようとしたこと、しかし一般民衆がまたそれを乗り越えてしまったこと。それらを描くことが大事だと思って作ったんです。

農民などの一般民衆と芸能のつながりについては、観阿弥が作った能作品の「自然居士」は、当時差別されていた説法者（簓摺り）が、奴隷売買される子どもを救う物語なのですが、これは、農民などの一般民衆が喝采をした演目だと思います。

というのは当時、つまり中世という時代は、古代の奴隷制が崩壊して彼らが自由民になっていく時代であり、農民も農奴から自立農民になっていったわけです。人々の脳裏には、暗い奴隷制時代の記憶がまだあるわけです。ですからみんな、こ

編み笠姿の「非人」（これは年末の行事「せきぞろ（関揃）」）がささらを摺っている。
『幕末・明治の生活風景』農文協より

の物語に喝采をした。

観阿弥はそれを見越した上で演じたと思います。しかも自然居士は、簓摺りという賤民、奴隷ではないけど排除の差別を受けていた「非人」でした。それを能の舞台で宣伝している。奴隷は解放されたけど、「こういう差別もまだあるんだよ」と、しっかりお話のなかに刷りこみ、能を芸術に高めていくとともに能役者の地位も高めた。

彼らは、排除されていたがゆえに、世の中を斜めから見ることができました。能というのは、そういった「ひねくれ者」の芸術なんだと私は思うんです。でもそれが社会的に非常に大きな意味を持ったというのが、芸能の歴史だと思います。

お二人には、部落の人たちが芸能を作った、というだけではなく、それをまた民衆が受け入れ、みんなのものにしていったということをしっかり感じていただき、とてもありがたく思いました。

解説　芸能と差別 ― 文化を生み育てた人々 ―― 第9巻

日本の伝統的な芸能である能や狂言、歌舞伎、文楽、舞踊、漫才、落語、講談、獅子舞、猿回し、曲芸などなど……。それらはいったいどのようにして生み出され、今に伝わってきたのでしょうか。室町時代に活躍した観阿弥・世阿弥親子が洗練させた能は、狂言も加えて民衆の心をとらえ、広い支持を得ていきますが、彼らはいわれなく差別されていました。しかし、やがて将軍や大名たちの保護を広く受け、武士から庶民にまで愛される日本の代表的な芸能の地位を獲得しました。その後の歌舞伎や人形浄瑠璃などの芸能も、被差別民によって担われていましたが、多くの人たちの人気を博していくと、差別を乗り越えた交流が広がっていきました。

このＤＶＤでは、室町時代から江戸後期に至るまでの「能」「歌舞伎」「人形浄瑠璃」などを取り上げつつ、現代にも伝わる徳島県の「門付け芸」や富山県の「おわら風の盆」などを実際に取材し、消えかかった芸能を保存・継承してきた方々へのインタビューを取り入れ、いかに芸能が差別を乗り越え、支援した民衆によって支えられ発展し、現在まで継承されてきたかを学ぶ教材としました。

■チャプター構成

第一章　民衆が生みだし民衆が支えた芸能

プロローグ／能を大成した世阿弥／芸能と差別

阿国と歌舞伎／三味線と歌舞伎

第二章　芸能にこめた願い

差別を越える歌舞伎／芸能を守り続ける人々

エピローグ―差別を乗り越えて―

■関連する教科書記述例

●厳しい差別を受けながらも、荒れ地を耕して年貢を納めたり、すぐれた技術を使って人々の生活に必要な用具を作ったり、役人のもとで治安をになったりして、社会を支えました。また、古くから伝わる芸能をさかんにして、後の文化にも大きな影響をあたえました。（小学校社会六年K社二〇二四）

●ひにんとよばれた人々は、町や村の警備・芸能などに従事しました。これらの人々は、社会的に必要とされる仕事や役割・文化を担っていたといえます。（中学校歴史Te社二〇二一）

●これらの人々は、幕府や藩の役人のもとで、犯罪者の取りしまりや処刑などの役目を担ったり、芸能にたずさわったりしました。（略）社会や文化を支える役割を果たしていました。（中学校歴史K社二〇二一）

●また、「えた」や「ひにん」身分の人々の中には、役人のもとで、犯罪者の逮捕や処刑などの役を果たす人、芸能に従事して活躍する人もいました。（中学校歴史N社二〇二一）

11 差別を超えて生きる
―「差別のない社会へ―私たちはどう生きるか」（第10巻）

外川　では、最後になりました。岡本さんから、第10巻「差別のない社会へ―私たちはどう生きるか―」へのご感想をお願いします。

■差別されない権利……………………………………

岡本　シリーズ最終巻の第10巻は、これまで重ねてきた巻のまとめ的な内容だと思いました。

子どもたちが生活の中で、差別的な言葉と認識しないままに「○○菌」と言ってしまう場面を見かけることがあります。映像の中では、誰かに対して「○○菌」と言うことは、「人間を人間扱いしない差別だよ」と明確に言われていて、胸に刺さりました。

第二次世界大戦の経験を経て、かつて国家が国民の人権を制限してきたことへの反省から、憲法に「差別されない権利」（第一四条）を明記しましたが、この点を思い起こさせるすごく大事なシーンだと思っています。

ただ、その「差別されない権利」が、機能していない状況に出会う事があります。とくに無視、「シカト」といった、大人も子どもにも見られるいじめ行為。こうしたことを見逃すことは、私たち自身が「差別してよい社会」を許容することにつながると考えています。

第10巻の核心となる場面は、差別によって将来を壊された人がいる、命を絶った人もいる、という会話の箇所だと思います。教員は、子どもたちと一緒にこの映像を観るわけですが、ここで自分たちは、画面だけでなく、子どもたち一人ひとりの顔をちゃんと、このときこそ見ていなければならないと思いました。

教室にいる子どもたち一人ひとりがどんな思いを持って生きているのか、教職員や指導者は、まず把握する努力をすることが絶対に必要で、安易に考えてはいけないと思います。DVD全巻を通して観て、効果的に学びを深められる教材になっていると感じますが、ここは責任を持って使わなければいけないということを、第10巻ではとくにそれを強く感じました。

　この巻を観ながら、子どもたちとともにぜひ考えたいと思ったのは、「してはいけない」とされているのに「なぜ人はこんな差別をしてしまうのか」ということです。その問題提起をするところまでで、まず一時間の授業をすることができると思いました。

四人のゲストティーチャーと子どもたち（DVD第10巻）

外川　第10巻の前半部までで、一時間ということですね。
　DVDの後半では、四人のゲストティーチャー（被差別部落出身の上川多実さん、電動車椅子ユーザーの伊是名夏子さん、在日コリアン三世の金曙光さん、日本人とアメリカ人とのダブルの千太郎さん）が登場し、それぞれの思いを語ってくれます。

■人はなぜ差別するのか

岡本　子どもたちが、あの四人のような当事者の方々と出会うことは、人権教育を実践する上で、非常に大事なことだと思っています。

　実際に授業で使うなら、一時間目にそれぞれの方の言葉を聞き、子どもたちと「どんな差別があるのか」と考えたいですね。その後、一時間目に立てた「人はなぜ差別をしてしまうのか」という問いについて迫っていきたいと思いました。

　四人の方にかかわる人権課題のほかにも、アイヌ民族への差別やLGBTQの人々への差別など、様々な差別が社会に存在しています。それらはすべて、憲法一四条にある「差別されない権利」が侵害されている状態にあり、憲法がうまく機能していない状態だということ、そのような社会の状態を私たちは許してはいけないということを、まず子どもたちと確認しておきたいと思いました。

そして、「人はなぜ差別をしてしまうのか」という問いに関しては、つぎのように考えました。

人には、自分と違うものを排除したがる傾向があるということ。そして「自分には関係ない」という意識からくる無関心や、無関係と見なした人に対する責任のがれ、言い換えると「自分ごと」にせず「他人ごと」としてとらえてしまう気持ちや、自分が差別していることに気づかない「アンテナの低さ」に、差別につながる要因があるのではないか。また妬みや嫉妬、勝ち組・負け組という言葉に象徴される、多数派に属することで安心を得たいという気持ちや、そう思ってしまう心の弱さが、差別を生み出しているのではないか。

こういうことについて、子どもたちに自由に語ってもらいたい。このDVDは、語り合うためにとても有効だと思います。またそのときは、教職員も自分のことを語らなければいけないと思いました。

そして、第10巻の最後に「水平社宣言」が出てきます。ここで、差別と真剣に向き合う自分たちこそがかっこいい、差別を是としている自分であれば、かっこ悪いんだという点を、子どもたちと共有したいと思いました。

差別に対抗するのは自分自身を解放するためです。自分を解放することは「人類最高の完成」（「水平社宣言」中の言葉）につながる。だから自分や自分たちの集団・社会を完成させていくためにこそ、人権の学びを深めていきたい。

六年生の終盤に行う授業を想定して、そんな流れにしたいと考えました。

■差別って何？……………………………

外川　授業でどう活用するか考えながら観てくださったのですね。武田さんは、中学校で人権教育を実践されておられますが、どうでしょうか。

武田　第10巻についてですが、冒頭、ドラマのような形で子ども同士の関係が描かれる場面で、一人の子どもがつぶやく「いなくなればいいのに」という言葉に「グサーッ」と刺されました。

いざ教室で、DVDを流してこの言葉が出てきたとき、子どもたちはどう感じるんだろう。この言葉を受け止めるのがすごくしんどい子どももいるんじゃないか。実際にそう言われたり、言った子どもがいるかもしれないからです。このとき、子どもの表情を教員は責任もって見なあかんと、岡本さんと同じように、そう思いました。

でも、この巻を中学校三年間の人権学習のまとめで使いたいと思いました。金剛中学校では入学から卒業までの三年間で、様々な人権課題について学びます。ＳＤＧｓ、平和学習、部落問題学習、国際理解、多文化共生、男女共生と、本当に多くのことにふれ、そして、「ほんまもん」と出会ってほしいという思いから、たくさんの出会いを、子どもたちに用意しています。

その出会いを重ねてきた子どもたちにとって、後半に登場する四人のお話は、すごく響くのではないかと思いました。

私が、人権学習をしていく中で子どもたちに一番考えてもらいたいと思っているのは、「差別ってなに？」ということです。「差別はあかん、だめ」ということなら、子どもたちもわかっているので、そこから進んで、「差別というものが何で、どこにあるのか」「差別をなくすための行動とは？」ということを、すべての人権課題について考えていきたいと思っています。そういう意味でも、この第10巻を中学校での人権学習の最後に活用することで、三年間の学習のまとめとふりかえりができる、と感じました。

上杉　第10巻は冒頭で、「無視する」形の、子ども間のいじめを描きました。

多くの人はおそらく、殴る、ものをとる、パシリをさせる、といった行為を「いじめ」として想定していると思うのですが、その意味で「無視をする」「シカトする」という行為は、見えづらく、わかりにくいいじめ行為です。「無視って差別の問題なの⁈」「差別だったんだ！」と感じる子どもは多いと思うのですが、そこを切り口にしていくことが、今のいじめ状況を克服するために、すごく重要なんじゃないかと思っています。ですから、この点についてお二人から反応を示していただいたことが、すごく嬉しかったですね。ここがとくにこの第10巻に期待したいところです。

外川　私はお二人が、いじめられている子どもや、差別を受けている子どもが教室の中にいるということを前提にして授業を考えてくださっていることが、とても重要で、監修者としてありがたく感じました。

解説　差別のない社会へ――第10巻
―私たちはどう生きるか―

水平社創立以降、差別をなくそうとする人々の努力はどのように続けられてきたのでしょうか。戦後、基本的人権が明記された日本国憲法のもとで、その実現を求めた部落解放運動により様々な取り組みがなされてきました。しかし、今もなお差別は存在し、部落問題の解決をめざし多くの人たちが取り組みを続けています。また、部落問題以外でも、平等権が保障されているはずの現代社会において、様々な差別が存在しています。

このＤＶＤでは、子どもたちが直面したいじめをきっかけに、実際に四人のゲストティーチャーを招いたオンライン学習を通じて、子どもたちが社会にある様々な差別に気づき、自分自身を見つめ直し、よりよい生き方をめざす姿を描いています。子どもたちに、差別を許さない生き方はどうあるべきか、現代社会に残る差別を解決していくため自分は何ができるか、を考えてもらうドラマ形式の教材になっています。

■チャプター構成

第一章　差別ってなんだろう
第二章　差別してるって気づいていない

■関連する教科書記述例

日本国憲法の基本的人権の学習や、これまでの歴史学習で学んだように、差別を許さない運動や取り組みが広がっています。しかし、日常生活や結婚・就職などで人権がおかされている事実があります。

（小学校社会六年Ｎ社二〇二四）

●部落差別の撤廃　部落差別は、被差別部落の出身者に対する差別のことで、この問題は同和問題ともいいます。江戸時代に差別されていた、えた身分、ひにん身分は、明治時代に「賤称廃止令」（いわゆる「解放令」）によって廃止されました。しかし、その後も就職や教育、結婚などの面で差別は続きました。これに対して差別を打ち破ろうとする部落解放運動が起こり、１９２２年（大正11）年には全国水平社が結成されました。１９６５（昭和40）年に同和対策審議会が出した答申は、部落差別の撤廃は国の責務であり、国民の課題であると宣言しました。これに基づいて法律が整備され、対象地域の人々の生活を改善する同和対策事業や、差別をなくす啓発活動が推進されてきました。しかし、今もなお差別は解消されておらず、２０１６年には、部落差別解消推進法が制定されました。

（中学校公民Ｔｏ社二〇二一）

12 シリーズを制作し終えて
――「差別をなくす勇気あふれる部落史」

■全10巻を通して観て

武田　全巻についての感想を述べさせてください。何回も言いますが、私は本当に歴史のことに疎く、中学生で学習して以来、高校でも日本史を勉強しない理系だったので、本当に知らないことがいっぱいの中、何を喋れるのかっていうふうに、不安な気持ちだったんですが、今日はすごくたくさんの話を聞かせてもらい、とても勉強になりました。

この全10巻を通して私は、自分がこれからしないといけないというか、自分への宿題ができたなあっていうふうに思いました。というのは、やっぱり正しく知る、正しい知識を持つっていうことを、しっかり社会科で学習する。そして子どもたちは、社会科で正しい知識をつけてもらって、人権学習の中でその時代の人たちに思いに馳せる、そこから今の自分たちの集団を見つめなおす、ということが大切と思うんです。すごく極端な言い方かもしれないんですが、教室はすごく小さな社会なので、この社会の中にいる子どもたちのちょっとした動きとか、ちょっとした心の揺れとかが、とても暖かい集団にさせるときもあれば、とってもこう攻撃的なというか、ぎすぎすした集団にもなる。ちょっとしたことで、子どもたちの集団って変わってくるので、周りの人を大切にして、ちょっとした変化にも気づける、今日あの子休んでるなとか、あの子今日遅刻してきたで、とか、そんなことに気づけるような暖かい集団を作ってほしい。そんなところにつなげていく人権学習と、社会科としてきちんと正しく教えていくことの大切さ、その両方を、分担する教員たちの連携でどう作っていけるかっていうのが、これからの私の課題だなあって痛感しました。

若い世代の教員たちは、やっぱり部落問題学習って「難しい」って言うんです。とくに部落史ってすごく難しい。そう思うってことをよく聞くんです。私は、「通史をダーッと勉強してやれ。今すぐやれ、今年やれ」っていうようには思わないんですが、やっぱりこの教材で、クラスのこの子に、あれを気づかせたいとか、この一時間のあの話は「あんたのためやったんやで」っていえるような、そんな思いを持てるように、これからの先生たちにはなってほしいと思っています。そんな思いをどう実現できるか、教員たちにどう伝えていけるのかっていうのが、私の大きな課題になったなあっていうことを、全10巻を通して観て、改めて気づかせてもらえたなと思います。本当に勉強になり、刺激にもなりました。ありがとうございました。

岡本　最初、この座談会の話を聞いたとき、すごくありがたいなと思いつつも、ちゃんと喋れるかな？　とずっと思っていました。改めてDVDも観せてもらって、きちんと第1巻から第10巻までを観る中で、「あぁ、こういうことだったんだな」っていうことを自分の中でもう一回整理するいい機会だったなと思っています。ありがとうございました。

第6巻を使って子どもと授業したときに、日本国憲法があるっていうことは、「もう差別をしないと決めるのは、あなたたちなんですよ」っていうのを子どもと強く確認したのを、ふと思い出しました。やっぱり「自分は差別をしないんだ」っていうその思いを保ちながらも、「じゃあ、なんで人を差別するんだろう、どうやって克服できるのか」っていうのを、歴史全体からしっかり学んでいって、それを生き方につなげていくっていう話を子どもたちとしました。その中で、自分がもっと何を学んでいけるかを考えて行かなあかんな、と改めて思いましたが、今日もたくさんの話を聞いて、あれを勉強したいな、こんなん調べたいな、みたいなのが増えたのが、すごくありがたかったです。

ただまあ、今後これ以降、第10巻が終わる先に、またひょっとしたら新しい差別が生まれてきたり、また新しく解決しないといけない問題が出てくるかもしれないけれど、でもやっぱりこの10巻での学びっていうのをまずしっかりと子どもたちに伝えていって、どんな差別とか新しい課題が出てきても、差別はダメなんだっていうこと、「思いやり」じゃなくて「尊敬」で解決する、そういう子たちを育てていくのが、今後の自分の仕事かなと思いました。ありがとうございます。

■作庭は「穢多」、芸能は「非人」…………………………

外川　監修者からの最後まとめとして『シリーズ映像でみる人権の歴史』全10巻を制作した感想などを、上杉さんと私からお話ししたいと思います。

上杉　「このDVD全10巻を観ていただければ、『部落史がかわった』と感じていただける」と今、大きな声で言えそうに感じています。どんなふうに変わったのか、俗な言い方に聞こえるかもしれませんが、暗く陰鬱(いんうつ)なイメージから、差別をなくす勇気あふれるＤＶＤシリーズになったと思いました。

具体的には、部落の歴史への見方が大きく変わったと思います。第1巻では作庭した「穢多」、第9巻では優れた芸能の多くが「非人」の成果であることを、具体的に示せたと思いますので、「日本文化を支えた部落の人々」という記述が固まってくるでしょう。

ただ、一〇年かけて10巻を作った感想としては、ものすごく疲れました。一本一本、ものすごくしんどい思いをして作りました。第5巻で取り上げた「渋染一揆」にしろ、今回の「芸能と差別」の巻にしろ、もう一度、資料を全部読み直しました。子どもたちに渡すものだから、適当なものは作れない、という思いが強くありました。その点で、とてもしんどかったのですが、やってよかった。「この仕事に力を入れて間違っていなかったんだ」と、今日のお二人のお話を聞いて思うことができました。ありがとうございました。

外川　私も、今日のお話を聞けてすごくありがたく感じました。私にとってもこのＤＶＤシリーズを作るのはすごくしんどかったです。この通り、上杉さんと私、性格も全然違いますし（笑）、それをすり合わせ、すり合わせて取材して、シナリオを作って……。

とくに私は、ずっと同和教育に取り組んできましたので、現在の人権教育のありようなどに対し大きな違和感を覚えていました。ムラの環境がよくなったといって法律がなくなり、同和教育から人権教育・道徳教育へと変えられていくと、いつの間にか、差別が個人の心がけで解決するかのようになってしまった。人権が、道徳の「思いやり」という価値項目の中の一つになってしまったと感じています。

でも、水平社宣言にあるように、「人をいたわる」という思いやりでは差別はなくなりません。「思いやり」というのは上から目線であり、思い「やって」いるのですから。また、「人権学習の授業」と小さく構えて考えてしまいがちですが、毎日のすべてが人権学習なのだと私は教えられてきました。

朝、子どもと顔を合わせたときに「元気？」と声をかけること、「今日なにがあった？」と聞くこと、そのことが人権を大切にする姿勢だと学んできました。今日はお二人のお話を聞きながら、お二人が、それをしっかり受け継いでくださっており、日々続けておられるんだなと、実感できました。

■協働の取り組みを重ねて……………………

外川　いま学校現場はすごく息苦しくなってきているように

思います。若い教員が、活き活きと実践できるような状況になっていない。かつて同和教育の中で「教職員集団」という言葉を使っていたのですが、いまはすっかり死語になってしまったように思います。教職員が協力し合える体制をもう一度取り戻さなければいけないと思っています。このＤＶＤシリーズを視聴し合って、活発な教材研究が「教職員集団」として行われるといいなあと願っています。

私が先輩からよく言われたのは、「協力とは責任ある分担」ということでした。「私は私、あなたはあなた」でも、「みんなそろって一緒に」でもなく、共通理解のもとでそれぞれが分担したことを責任もってやっていく、協働する集団の大切さを、あらためて感じています。

その意味では、上杉さんと私だけでなく、たくさんの協力してくださった皆さんやスタッフさんと「子どもたちにいい作品を届けよう」と一つになれたので、このような教材ができたのだと思っています。とくに、全編にわたり、荒田健司さんが、とっても良い音楽を全く無償で作ってくださいました。最後になりましたが、それもこの作品を印象深いものにしていただいたと深く感謝しています。

それらも含めて、今日はありがとうございました。

ＤＶＤを活用した学習展開例

第1巻 ―「東山文化を支えた差別された人々」 学習展開例

1. 本時の目標

室町時代には、民衆が力を付け生活が高まったことによって様々な民衆文化が生まれたこと、その文化を支えた人々は、当時、他の人々から差別されていたことに気づく。

2. 学習の展開

	学習の流れ	資料	留意点・評価
出会い	室町文化について調べよう ○室町時代の文化にはどのようなものがありましたか。 ・祇園祭・盆踊り・正月や節句・陶磁器 ・茶の湯・書院造り・庭園造り・石庭・生け花 ・水墨画・能や狂言・おとぎ話など ○調べてみて気づいたことを話し合おう。 ・今の時代にも残っている文化だ ・武士だけのものでなく民衆の文化だ ○銀閣の庭について思ったことや疑問を出し合うおう。 ・奈良時代のお寺とは違う ・豊かな自然を感じる ・この庭を造った人はどんな人だろう	教科書／資料集 【資料写真】 銀閣の庭／東大寺	・前時の学習課題について調べてきたことを活かして発表する。 ・武士だけの文化ではなかったことに気づかせる。 ・東大寺大仏造営の学習を想起させる。 学習課題を絞り込む ㊞(態度) 発表・観察
追求・発見	学習課題1　銀閣の庭を作った人について調べよう ○素晴らしい庭を作ったのに、又四郎は「差別されることが悲しい」と言ったのはどうしてだろう ・災害や飢饉で、逃れてきた人たちは、河原でいろいろ工夫をしながら生きてきた ・税の代わりに、「人々が避ける仕事、触れたくない仕事」をさせたことで、差別が強まった ・庭造りも、生きるために取り組んだ仕事だった ・なぜ人々は差別したのだろう ・又四郎が言いたかったことは何だろう	【DVD 第1章視聴】 1)プロローグ 2)又四郎の思い 3)中世の河原の様子 4)河原に生きた人々とケガレ 5)庭師としての姿	・河原という社会外の世界が存在していたことを確認する。 ・生活を支えるながらも、自分たちとちがう人々として差別されてきたことを確認する。 ・「悲しい」の意味を考えさせる。 ㊞(思考・判断・表現) ワークシート・発表
見つめ直し	学習課題2　銀閣の庭づくりについて調べよう ○庭づくりについて気づいたことを話し合おう。 ・庭造りは、こんなすごい仕事だとは思わなかった ・仕事の中から石や木を見つける力を身につけた ・「天下第一」の庭造りの名人といわれた ・それでも、人々から差別を受けた ・自分の事を知らせたくて龍安寺の石に名前を刻んだ ・どうして人々は自分たちとは違うと差別したのか ○又四郎に対する「周麟の言葉」や義政が「同仁斎」と名づけたことに、込められた思いを話し合おう。 ・周麟は、人をその行いで評価している ・又四郎を差別することはおかしいと思っている ・又四郎も差別する世の中が「悲しい」と訴えたのだ	【DVD 第2章視聴】 6)庭づくりに携わった河原者 7)龍安寺の石庭 8)又四郎と周麟の思い 9)エピローグ 義政の言葉 【資料】 鹿苑日録より「又四郎の言葉」 東求堂「同仁斎」	・「又四郎こそ人なり」の意味について考えさせる。 ・仏教では、「人は、生まれで決まるのではなく、行いで決まる」と考えることを助言する。 ㊞(思考・判断・表現) ワークシート・発表
振り返り	本時のまとめ　人々の生活が高まり民衆の文化が生まれた ○気づいたことをまとめよう。 ・室町時代に現在に残る文化が作られたが、それらは民衆や差別された人々によって作り出されたものだ	感想カード	㊞(知識・理解) 感想カード・発表

第2巻 ―「江戸時代の身分制度と差別された人々」 学習展開例

1. 本時の目標

江戸時代には身分制度が確立され、武士と百姓・町人の身分以外に、差別をされていた人々が存在していたこと、それらの人たちは差別を受けながらも、様々な仕事を通して社会や文化の発展を支えてきたことに気づく。

2. 学習の展開

	学習の流れ	資料	留意点・評価
出会い	**江戸幕府は人々をどのように支配したのか調べよう** ○幕府は各地の大名をどのように支配したのでしたか。 ・江戸幕府は、政治を安定させるために、全国の大名たちに厳しいきまりを定めた ○民衆はどのように支配されたのか話し合おう。 ・大名も逆らえなかったから、民衆にはもっと厳しいことが行われたのではないか	教科書／資料集	・江戸幕府の大名支配について確認する ㊞(態度) 発表・観察 ・秀吉の兵農分離で身分が確立されたことを確かめる
追求・発見	**学習課題1　民衆はどのように支配されたのか調べよう** ○資料映像を見て、気づいたことを話し合おう。 ・秀吉よりさらに厳しい身分制度にした ・江戸時代には身分によって住む場所が決められた ・これでは、自分の望む仕事や生き方ができない	【DVD第1章視聴】 1)プロローグ 2)中世の身分と被差別民 3)近世初頭の身分政策 4)「寺請制度」と身分の固定化	㊞(思考・判断・表現) 発表
見つめ直し	**学習課題2　差別された人々の暮らしについて調べよう** ○資料映像を見て、気づいたことを話し合おう。 ・堀や塀で囲ってまで、まるで隔離されているようだ ・百姓や町人との交際を禁じるなどひどい差別だ ・幕府は差別することで支配しやすかったのではないか ・差別は厳しいが、弾左衛門は胸をはって生きている ・江戸の町の警察や清掃はこの人たちがいたから守られた ・太鼓や雪駄、竹細工など生活に必要なものを作った ・薬売りや医者など命を守り、人々を楽しませる芸能をした ・誰もが、差別される立場になるかもしれない社会だ ・差別によって、武士の支配が成り立っている社会だ	【DVD第2章視聴】 5)絵図に描かれた被差別部落 6)弾左衛門による支配体制 7)被差別部落の生業と役割 8)「非人」などの被差別民 【後半場面視聴】 9)差別政策への抵抗―エピローグ―	㊞(思考・判断・表現) 発表 ・「排除の差別」と「支配の差別」が、補完しあって支配を強化したことに気づかせる ・人々の生活を支える重要な仕事をしたことに気づかせる ・新しいモデル図で身分が固定され差別された人たちは「社会の外」とされたことを確認する ・また「穢多・非人」という許し難い呼称で差別したことを押さえる
振り返り	**本時のまとめ　身分制度のもとで厳しい差別を受ける人々がいた** ○資料映像の最後を見て、気づいたことをまとめよう。 ・武士の支配を確立するために厳しい身分制度を作った ・差別された人々は、「社会の外」としてひどいあつかいを受けたが、人々の生活に必要な仕事や役目をしてきた ・差別しないと「罰せられる」というひどい社会だった ・差別が当たり前の中で打ち破ろうとした人たちもいた	感想カード	㊞(知識・理解) 感想カード・発表

第3巻 ──「近代医学の基礎を築いた人々」 学習展開例

1. 本時の目標

江戸時代の中ごろ、西洋の学問への関心が高まり、当時の差別されていた人々の貢献によって、医学を中心とした蘭学が大きく発展し、新しい時代への動きにつながったことに気づく。

2. 学習の展開

	学習の流れ	資料	留意点・評価
出会い	**蘭学につい調べよう** ○蘭学について、調べてきたことを発表しよう。 ・西洋の本の輸入が認められ学ぶ人が出てきた ・杉田玄白や前野良沢の医学、伊能忠敬の地理学 ・天文学、兵学なども広がった ○「解体新書」を調べて気づいたことを話し合おう。 ・これまでは間違った解剖図を信じていた ・「解体新書」で科学が大きく発展した	教科書／資料集 【資料図】 二つの解剖図と解剖の様子	・前時の学習課題について調べてきたことを活かして発表する ・蘭学の発展には、翻訳された「解体新書」の影響が大きかったことに気づかせる ・学習課題を絞り込む
追求・発見	**学習課題１　解体新書はどのように作られたのだろう** ○玄白たちについて気づいたことを話し合おう。 ・ターヘル・アナトミアを手にしたとき、玄白はどんな思いだっただろう。 ・玄白は、なぜ自らメスをふるわなかったのだろう ・90歳の老人は、どうして人間の身体の内部を詳しく知っていたのだろう ・解剖の技術をもち人体のことを知っている人をなぜ人々は差別していたのだろう。 ・「解剖」を見た玄白たちは、自分自身に対して、また老人に対して、どんな思いをもったのだろう	【DVD 第1章視聴】 1)プロローグ 2)玄白と「ターヘル・アナトミア」との出会い 3)差別された人々の仕事と命 4)玄白たちが見た人体解剖	㊞(態度) 発表・観察 ・中国の医学書の人体図を信じていた玄白たちと、身体のつくりを知っていた老人との対比の中で、話し合いを進める ・「蘭学事始」に、玄白が解剖を見た後に書き残した言葉に注目させて話し合わせる
見つめ直し	**学習課題２　その後の科学の発展について調べよう** ○江戸時代に医学などの科学が発展していった様子について気づいたことを話し合おう。 ・山脇東洋が感激した言葉には、どんな思いが込められているのだろう ・科学を学んだ人たちは、どんな考えをもつようになったのだろう	【DVD 第2章視聴】 5)山脇東洋の腑分け 6)エピローグ 医学の発展 【資料】 杉田玄白「形影夜話」	㊞(思考・判断・表現) ワークシート・発表 ・玄白の「差別することなく患者を診ること」という言葉や、東洋の「科学の世界に入れた」という言葉に注目して話し合わせる ・東洋が自身の墓の隣に献体者（罪人）に戒名をつけて墓をたて、供養するように命じたことを手掛かりに話し合わせる
振り返り	**本時のまとめ　医学を中心とした科学の発展によって社会が変化した** ○気づいたことをまとめよう。 ・これまで差別されながらも、労働を通して解剖の技術や身体のつくりを知っていた人たちと、真実を知ろうとした医師たちによって医学が発展した ・科学を学んだ人たちは、人を差別することの過ちに気づいていった ・「差別することが当たり前」という間違った世の中はこうした人たちが増えていくことで変わっていく。	感想カード	㊞(知識・理解) 感想カード・発表

第4巻 ――「明治維新と賤民廃止令」 学習展開例

1. 本時の目標

近代化をめざした人々は、身分を超えて立ち上がり新しい時代を切り開いたが、明治政府は、身分制度の廃止を行ったものの、差別をなくそうする意図がなかったため、人々への差別は変わらず、差別された人々はより一層の厳しい生活を強いられることになったことに気づく。

2. 学習の展開

	学習の流れ	資料	留意点・評価
出会い	江戸幕府を倒した人々の動きについて調べよう ○幕府を倒した人々について調べたことを発表しよう。 •薩摩藩（鹿児島）や長州藩（山口）、土佐藩（高知）などが中心になり、江戸幕府では外国に対抗できないと考えた •人々も、一揆や打ち壊しで幕府と戦った。	教科書／資料集	•倒幕運動について確認する。 •開国を契機に、幕府の政策を批判し、倒そうとした人々の動きが高まっていったことを確かめる。 ㊞（態度）発表・観察
追求・発見	学習課題1　人々は開国をどのように受け止めたのだろう ○幕府を倒す戦いについて気づいたことを話し合おう。 •幕府を倒そうとした武士たちが、差別されていた人々の力を必要としたのはどうしてだろう •差別されていた人々は、どんな気持ちで、幕府を倒す戦いに参加したのだろう •幕府を倒すために一緒に戦ったのに、共に祀らなかったのはどうしてだろう	【DVD第1章視聴】 1)プロローグ 2)差別をなくす考え方 3)長州藩の部落民登用 4)部落の活躍と長州や幕府の裏切り	•差別の不合理に気づきだした人と、差別からの解放を求めて、戦いに加わった人たちの思いを確かめる。 ㊞(思考・判断・表現)ワークシート・発表
見つめ直し	学習課題2　明治になり差別はどうなっただろう ○廃止令によって差別されていた人々はどうなっただろう。 •「布告」を出した日的は、何のためだったのだろう。 •いままでの警察や清掃の仕事を奪われた人たちの生活はどうなっていくのだろう。 •「差別がなくなる」と期待した人たちは、どんな思いで日々を過ごしたのだろう •自分たちで、学校や工場、銀行を作った人たちの思いや願いを考えてみよう	【DVD第2章視聴】 5)賤民廃止令の作成と公布 6)廃止令・壬申戸籍と井上馨 7)エピローグ	•「廃止令」が出たときの喜びと、戸籍に差別記載されたことや仕事が無くなっていく状況を、対比して考えられるようにする。 ㊞(思考・判断・表現)ワークシート・発表 •補助教材として、武士には「秩禄処分」がなされたことを提示
振り返り	本時のまとめ　明治になって身分制度は廃止されたが差別は解決されなかった ○気づいたことをまとめよう。 •差別が当たり前だった江戸時代を終わらせるために、差別された人々は、命をかけて先頭に立って戦った •しかし、成立した明治政府は、本気で差別をなくそうとしなかったため、差別はその後も続き、さらに貧しさが加わっていった •差別されてきた人々は、新しい社会の中で、さらに差別をなくそうと取り組み続けていった	感想カード	㊞(知識・理解) 感想カード・発表

第5巻 ―「渋染一揆を闘いぬいた人々」 学習展開例

1. 本時の目標

差別を強める法令に対して、差別された人々は、人としての尊厳をかけて、知恵と力を合わせて立ち上がり、撤回を勝ち取ったことに気づく

2. 学習の展開

	学習の流れ	資料	留意点・評価
出会い	江戸時代の終わりころの様子について調べよう ○人々の生活について調べたことを発表しよう。 •商人が力を付け武士の生活が苦しくなった。 •厳しく年貢を取り立てられ農民も苦しくなった。 ○幕府や藩がどのような政策を行ったのか確かめよう。 •幕府は各藩にたくさんの出費を求めた。 •財政が厳しくなった藩は人々に倹約を求めた。	教科書/資料集	•学習課題について調べてきたことを活かして発表する。 •商品経済の発展によって幕藩体制が揺らいできたことに気づかせる。 •学習課題を絞り込む ㊞(態度) 発表・観察
追求・発見	学習課題1 差別に対し人々はどう行動したのだろう ○人々が、御触書を受け入れられなかった理由は何だったのだろう •同じ人間なのに差別されることには我慢できない。 •子どもや孫まで差別されることになる。 ○御触書を撤回させることができたのは、人々にどのような力があったからだろう。 •おかしいと見抜く力、正しいことを主張する力 •どうしたら勝てるか世の中を見つめる力 •勇気を出して仲間と行動する力	【DVD第1章視聴】 1)プロローグ 2)百姓とは別のお触れ書きが 3)知恵を集めて作った嘆願書 4)訴えるしかないと立ち上がる 【資料】 岡山藩の財政/倹約令/別段御触書/嘆願書/一揆の年表/一揆関係地図	•別段御触書に対する嘆願書を手がかりに、人々の怒りの意味に迫るよう話し合いを進める。 •「力」という言葉をキーワードに、人々の知恵や勇気、団結心などに注目して話し合わせる。 ㊞(思考・判断・表現) ワークシート・発表
見つめ直し	学習課題2 強訴の後のできごとについて調べよう ○当時も人々はどんな思いを持っていたのだろう •先頭にたって闘った仲間をどうしても助けたい •自分たちの身代わりになってくれた人を助けたい ○のちの時代の人々やいまの人々はどんな思いだろう。 •命をかけて差別と闘ってくれた人を忘れない •この人たちがいたから今の自分たちがいる ○百姓たちはどんな思いで一揆を見ていたのだろう。 •差別しないで協力しなければ…… •自分たちも生活をよくするために力をあわせよう •こんな世の中は変えなければならない	【DVD第2章視聴】 5)厳しい取り調べと投獄 6)助命嘆願の闘い 7)エピローグ―引き継がれている思い― 【資料】 難訴記の冒頭/岡崎良平の墓碑	•岡崎良平の碑文、若宮神を大切にされている方の言葉などを手がかりに話し合わせる。 •茶屋万次郎の行動、助命に協力した百姓を始め、虫明に向けて街道を進んだ人々を見ていた百姓たちなどに焦点をあてて話し合わせる。
振り返り	本時のまとめ 差別に対して知恵と力をあわせて闘った人々の行動で社会が変わった ○気づいたことをまとめよう。 •「差別することが当たり前」という間違った世の中は「差別は絶対に許さない」と行動した人たちによって変わっていった。	感想カード	㊞(知識・理解) 感想カード・発表

第6巻 ──「日本国憲法と部落差別」 学習展開例

1. 本時の目標

①平和と民主主義を求めた敗戦後の人々の願いを受け、民主的に選出された国会議員の審議をへて、憲法が改正されたことがわかる。
②差別をなくしたという人々の熱意と努力によって、憲法の基本原則である基本的人権の尊重の実現をはかる条文が整理され明記されたことがわかる。

2. 学習の展開

	学習の流れ	資料	留意点・評価
出会い	敗戦後の社会の様子について調べよう ○人々の生活について調べたことを発表しよう。 ・軍人だけでなく、たくさんの人が亡くなった ・家も財産もなくした人々がたくさんいた ・二度と戦争はしたくない、平和に過ごしたいと思った	教科書／資料集	・学習課題について調べてきたことを活かして発表する。 ・敗戦後の人々の願いについて考えさせる。 ・学習課題を絞り込む ㊠(態度) 発表・観察
追求・発見	学習課題1　日本国憲法が制定された経過を調べよう ○憲法制定までの流れを確認しよう ・日本政府の憲法案は戦前とあまり変わらなかった ・民間の人々もいろいろな憲法を作った ○「日本国憲法は誰が作った」と言えるのだろう。 ・GHQの原案に、日本の国会議員が訂正を加えた ・選挙で選ばれた国民の代表が作った ・その中には初めて選ばれた女性議員もいた ○三大原則のもとで制定された日本国憲法を人々はどのように受け止めたのだろう。 ・もうこれで戦争は起こらない ・自由で平等な暮らしができる ・憲法にそってよりよい国を作ろう	【資料】 憲法制定動きなどの年表 【DVD第1章視聴】 プロローグ 第1章　新しい憲法が生まれた 【資料】 日本国憲法の三大原則 【資料】 憲法公布祝賀集会の写真など	・憲法制定までの簡単な年表を示し資料映像を見る。 ・「日米合作」という言葉をキーワードに、国会議員たちが論議したことに注目させる。 ・「平和主義」「基本的人権の尊重」「主権在民」について簡単に確認する。 ㊠(思考・判断・表現) ワークシート・発表 ・導入で考えた人々の願いと重ね合わせて話し合わせる。
見つめ直し	学習課題2　差別をされてきた人々の願いは、この憲法で実現するのか調べよう ○水平社運動に取り組んだ人たちの動きを確かめよう。 ・民主化に期待し、今度こそ差別をなくしたいと思った ○「差別を受けない」と「差別されない」で悩んだのはどうしてだろう。 ・もともと差別があってはならないのだから ・「差別されない」と胸を張っていうことができる ・誰もが「差別されない」権利を持っている。	【資料】 部落解放運動の年表 【DVD第2章視聴】 第2章　差別は許されないと書かれた憲法／エピローグ 【資料】 憲法改正小委員会の議事録など 【資料】 晴美、京子、慎也、隆の言葉	・敗戦後すぐに活動を起こした差別されてきた人々の姿を手がかりに話し合わせる。 ・「本当の解放令」「憲法は私に味方してくれている」「差別は憲法違反」「差別を黙って見過ごしてはいけない」「学び考え続ける」といったといった言葉を手かがりに話し合わせる。
振り返り	本時のまとめ　国民の代表が制定した日本国憲法は差別を禁止した ○本時の学習を通して気づいたことをまとめよう。 ・平和で平等な社会を求めた人々は、誰ひとり「差別されない」と書いた日本国憲法を制定した。 ・憲法は、差別を許していない。	感想カード	㊠(知識・理解) 感想カード・発表

第7巻 ―「水平社を立ちあげた人々―人間は尊敬すべきものだ―」 学習展開例

1. 本時の目標

第一次世界大戦後の社会運動の高まりの中で、差別されていた人々は、自らの力で厳しい差別をなくしていこうと、全国の仲間に呼びかけて、水平社を立ちあげたことを理解する。

2. 学習の展開

	学習の流れ	資料	留意点・評価
出会い	**賤民廃止令から50年、差別はどうなったのだろう** ○差別されてきた人々の生活について確かめよう。 ・不安定な仕事で生活が苦しく、子どもは学校へ行けない ・学校に行ってもいじめられ差別されたのではないか ○厳しい差別に対して人々はどう行動したのだろう。 ・生きることに精一杯の中で、何かできただろうか	教科書／資料集 【資料】 差別されていた人々のくらし （生活・教育・仕事）	・賤民廃止令から50年たっても厳しい差別があることに気づかせる。 ・学習課題を絞り込む ㊞（態度）発表・観察
追求・発見	**学習課題1　差別に対し人々はどう行動したのだろう** ○差別されてきた人々が起こした行動について話し合おう。 ・万吉は荊冠旗に真っ黒な社会を輝くようにしたいと思いを込めたのでは ○人々はどんな思いで創立大会に参加したのだろう。 ・よく呼びかけてくれた、差別を何とかしたい ・いまこそ、みんなで力を合わせるときだ ・参加したら、もっと差別を受けることになるのでは	【DVD第1章視聴】 1)プロローグ 2)西光万吉の生い立ち 3)夜明けをめざして 4)1922年3月3日 創立大会 【資料】 荊冠旗の写真／西光万吉の年譜／田中松月証言／参加者の写真／各地の水平社結成の動き	・荊冠旗を手かがりにして、万吉をはじめ当時の人々の思いに迫るよう話し合いを進める。 ・差別を受けている人々が自らたちあがるまでの逡巡と、それを乗り越えた怒りや思いの強さに注目して話し合う。 ㊞（思考・判断・表現）ワークシート・発表
見つめ直し	**学習課題2　水平社が取り組んだことを調べよう** ○孝野次郎の訴えに人々が泣いたのはどうしてだろう。 ・自分と同じようにいまも差別されている子どもがいる ・いまここで闘わないと次の子どもも差別される ○水平社に立ち上がった人たちが、もっとも強く訴えたかったことは何だろう。 ・勇気をもって差別と闘おう ・差別に対してだまっていてはならない ・人を差別するのではなく、尊敬し合おう ・ひとりひとりが尊敬される輝く世の中にしよう ・仲間と一緒なら差別をなくせる	【DVD第2章視聴】 5)山田孝野次郎の訴え 7)エピローグ― 【資料】 山田孝野次郎の訴え 【資料】 水平社宣言	・山田孝野次郎の訴えを聞く人々の様子と、西光万吉たちの生い立ちなどに焦点をあてて話し合わせる。 ・水平社宣言文の言葉を手がかりに話し合う。
振り返り	**本時のまとめ　人間は尊敬するものだと訴えて差別をなくそうとした人々が社会を変えていった** ○気づいたことをまとめよう。 ・いじめや差別をなくそうと立ち上がった人たちによって世の中は変わっていった。	感想カード	㊞（知識・技能） 感想カード・発表

第8巻 ―「ひとと皮革(かわ)の歴史」 学習展開例

1. 本時の目標

ひとが生き物の命をいただいてきた歴史と事実を探求することを通して、それを手渡してくれる人々への見方を問い返し、これからの自己の生き方において正しく物事を知ることの大切さを考える。

2. 学習の展開

	学習の流れ	資料	留意点・評価
出会い	**人は生き物の命をどのようにいかしてきたのだろう** ○牛と人とのかかわりを例に考えてみよう。 ・牛肉や牛乳を飲んだり加工して食べたりしている ・皮を使って鞄や靴を作り、牛糞だって肥料になる ○牛肉や皮を得るため「殺す」ことをどう思いますか。 ・かわいそう、残酷だ、自分はやりたくない ・生きていくために大切な仕事だ		・身近な牛を取り上げて考える ・子どもの実生活に留意しながら、これまで思ってきたことを率直に出し合わせる ・学習課題を絞り込む ㊙(態度) 発表・観察
追求・発見	**学習課題1　ひとは皮革をどう利用してきたのだろう** ○丈夫なかわを作る過程をまとめよう。 ・きれいな水と長い時間が必要だ ・技術や体力も必要だ ○かわをどんなものに使って来たのかまとめよう。 ・着物、鞄、靴、鎧、雪駄、グローブ、革ベルト…… ・革は防水、防寒の役割をはたす ○にかわはどんなものに使われているかまとめよう。 ・墨、絵の具、接着剤として弓や仏像、家具…… ・ゼラチン、グミ、ゼリー、アイスクリーム…… ・トローチ、カプセル…… ・コラーゲン入りの化粧品や飲み物	【DVD第1章視聴】 1)プロローグ 2)ひとの歴史と差別のおこり 3)古い製法によるかわづくり 4)よろい、履物、太鼓とかわ 5)鉄砲や機械とかわ	・柏葉さんの言葉を手がかりに、「生のかわ(皮)」から「乾いたかわ(革)」に加工するためには長い時間と技術が必要であることに気づくよう話し合いを進める。 ・歴史発展の中で、かわの用途は広がってきたことを確かめる ・後藤さんや柴田さんの言葉を手がかりに、見えないかわであるにかわは、重要な接着剤として多方面に使われていることを確かめる ㊙(知識・技能) ワークシート・発表
見つめ直し	**学習課題2　命を手渡す人たちについて話し合おう** ○命を手渡す人を差別してきたのはどうしてだろう。 ・仏教が「生き物を殺してはいけない」と教えたから ・神道が「肉やかわはケガれる」と禁止したから ・みんながそういっているから逆らえなかった ・おかしなことをおかしいと思わずやっていた ・正しく知ること、知ろうとすることが大切 ・正しく知ったら正しく行動することが大切	【DVD第2章視聴】 6)古い製法によるにかわづくり 7)墨や日本画とにかわ 8)弓や仏像とにかわ 9)身近なにかわ 10)エピローグ 【資料】 『牛からできるもの』	・必要に応じて該当のチャプターを再視聴する ・柏葉さんの「誇りをもってやってきた」や後藤さんの「生命を使っているという意識」という言葉を手がかりに考える ㊙(思考・判断・表現) ワークシート・発表
振り返り	**本時のまとめ　生き物とともに生きるために、生き物の命を手渡す人たちのことを正しく知る** ○気づいたことをまとめよう。 ・人は生き物の命に支えられていることや、命を手渡す人たちのことを正しく知り、生き物とともに生きていくことが大切だ	感想カード	㊙(態度) 感想カード・発表

※特別の教科道徳で扱う場合は、内容項目「生命の尊さ」の指導を想定しています。

第9巻 ──「芸能と差別─文化を生み育てた人々─」 学習展開例

1. 本時の目標

「能」や「歌舞伎」などの芸能は、差別された人々が礎を築き、差別を乗り越えて、それを支持し支援した民衆によって発展し、継承されてきたことがわかる。

2. 学習の展開

	学習の流れ	資料	留意点・評価
出会い	伝統的な芸能の歴史について調べよう ○学習してきた各時代の文化について振り返ろう。 ・室町時代には、庭園や能などが生み出され広がった ・安土桃山時代にはかぶき踊りが民衆に支持された ・江戸時代は、町人が力を高めて芸能や文化が広まった ○芸能を築き上げた人たちを調べて話し合おう。 ・能を作り上げた観阿弥や世阿弥は…… ・かぶき踊りを始めた阿国は……」	教科書／資料集 【資料】 芸能史概観	・学習課題について調べてきたことを活かして発表する。 ・学習課題を絞り込む ㊞(態度) 発表・観察
追求・発見	学習課題1　能、歌舞伎、人形浄瑠璃などの芸能はどのようにして生み出されてきたのだろう ○世阿弥の能が人々から支持されたのはなぜだろう。 ・世阿弥の作品が人々の共感を得たから… ・世阿弥は父と各地を回って苦労していたから… ○阿国の踊りが人々から支持されたのはなぜだろう。 ・いままでにない服装や激しい踊りに惹かれたから ・戦国時代が終わった人々の気持ちに合っていたから ○差別されていた人々が芸能を築いたのはなぜだろう ・差別はつらいけど、しばられず自由に生きたから ・土地もお金もなく、自分の力で生きるため芸を磨いた	【DVD第1章視聴】 1)プロローグ 2)能を大成した世阿弥 3)芸能と差別 4)阿国と歌舞伎 5)三味線と歌舞伎	・差別する貴族と等しくつきあう義満を対比し、話し合わせる。 ・各地を流浪していた阿国について助言する。 ・かぶき踊りの独創性を時代背景と関連づけて話し合わせる。 ・差別の不当さ、つらさを踏まえた上で、芸能に携わった人々の努力について話し合わせる。 ㊞(思考・判断・表現) ワークシート・発表
見つめ直し	学習課題2　芸能を発展させたのはどんな人々だろう ○歌舞伎などの芸能はどのように発展したのだろう。 ・近松門左衛門などが面白い台本を書いたから ・目の見えない人たちから習った三味線や胡弓を使った ・幕府の歌舞伎役者を差別する命令に従わなかったから ・身分を越えて役者になる人がたくさんいたから ・豊かな町人(商人)は芝居小屋を建てて支援したから ・地方の人が自分たちで演じる農村歌舞伎が行われた ・差別された人々が各地を演じて回ったから… ・差別の印だった編笠が人々のファッションになったから	【DVD第2章視聴】 6)差別を越える歌舞伎 7)芸能を守り続ける人々 8)エピローグ─差別を乗り越えた芸能の広がり─	・歌舞伎が物語性や音楽性を高め、人気を得ていくことをとらえさせる。 ・身分制を維持しようとする幕府と身分を乗り越えて交流する人々を対比して、話し合わせる。 ㊞(知識・理解) ワークシート・発表 ・いまも「よいものはよい」と取り入れ発展していることに気づかせる。
振り返り	本時のまとめ　差別された人々によって築かれた伝統的な芸能は、差別を乗り越えた人々によって継承された ○気づいたことをまとめよう。 ・差別されていた人々の中から生み出された芸能は、差別を乗り越え「よいものはよい」と取り入れた人々によって広がり発展していった。	感想カード	㊞(思考・判断・表現) 感想カード・発表

※特別の教科道徳で扱う場合は、内容項目「伝統と文化の尊重」の指導を想定しています。

第10巻 ―「差別のない社会へ―私たちはどう生きるか―」 学習展開例

1. 本時の目標

①戦後、部落解放運動によって様々な取組がなされてきたが、今もなお差別は存在し、部落問題の解決をめざして多くの人たちが取り組んでいることを理解する。
②平等権、差別されない権利が保障されている現代社会においても様々な差別が存在し、それらに気づき、なくしてくことが自分の課題であることがわかる。

2. 学習の展開

	学習の流れ	資料	留意点・評価
出会い	いまある差別や人権侵害について考えよう ○これまでの学習を通して学んだことを発表しよう。 ・女性、障がい者、在日外国人に対する差別、いじめ ○差別されてきた人々の問題は解決したのだろうか。 ・いまも差別はあるのでは……	教科書／資料集	・学習課題について調べてきたことを活かして発表する。 ・生活の中で感じている差別や人権侵害について考えさせる。 ・学習課題を絞り込む ㊙(思考・判断・表現) 発表・観察
追求・発見	学習課題１　差別の問題は解決されたのだろうか ○差別をなくすために部落解放運動が進められた。 ・仕事に就けない、生活が苦しい、教育が不十分…… ・国が責任を認め法律を制定し住環境整備等が進んだ ○差別はなくなったのだろうか。 ・インターネットで酷い書き込みをする人がいる。 ・実生活の中でもつき合いや結婚などで差別がある ・差別された人はどんなに悔しくつらいだろう。	【DVD第1章視聴】 プロローグ 第1章　差別ってなんだろう 【資料】 戦後の部落問題に関する年表 【資料】 同和対策審議会答申の概要	・資料映像の冒頭で「歴史で学習してきた差別されてきた人々の問題は、部落問題や同和問題と呼ぶ」ことを伝えた上で、資料映像を見る。 ・コウジの体験に焦点を当て、アキラの行為を重ね合わせて話し合う。 ㊙(知識・技能) ワークシート・発表
見つめ直し	学習課題２　どうしたら差別をなくせるのだろうか ○4人がどんな思いでいるか言葉から考えよう。 ・上川さん「見て見ぬふりをする無自覚の差別」から ・伊是名さん「仕方ないよがつらい」から ・金さん「在日コリアンとして強く生きたい」から ・千太郎さん「気づかないで排除してしまう」から ○4人が望むことをそれぞれの言葉から考えよう。 ・千太郎さん「誰ひとり取り残さない」から ・上川さん「差別に気づいて」から ・金さん「ひとりの人間として」から ・伊是名さん「学び続けて」から ○ひとりひとりは、まず何をすることが大切だろう。 ・自分の言動が差別でないかを考えること ・差別されている人たちではなく差別する側が考える ・ひとを差別するのではなく、尊敬すること	【DVD第2章視聴】 第2章　差別してるって気づいてない エピローグ 【資料】 映像の中で4人の方の発言をまとめたカード 【資料】 差別解消法などの概要	・差別について導入で話し合ったことと重ね合わせて考えさせる。 ・4人のそれぞれの発言のキーワードに着目させて差別の現実を具体的にとらえさせる。 ・ユキの「差別と真剣に向き合っている人たちの方がずっとずっとかっこいい」、アキラの「差別に取り込まれてしまいがちな僕たちが動き出す」などの言葉に着目させ話し合わせる。
振り返り	学習のまとめ　差別の存在に気づいた人たちによって、世界中で差別をなくす努力が進められている ○プロローグとエピローグでのアキラとマサヤのそれぞれの表情を振り返ってみよう。 ○本時の学習を通して気づいたことをまとめよう。	感想カード	㊙(思考・判断・表現) 感想カード・発表

おわりに

二〇一二年から一〇年をかけてＤＶＤシリーズ全10巻を制作・監修し、そしてそのガイドブックである本書の編集を終えたいま、ひとまず責任を果たせたのではないかと安堵しています。本書の冒頭にも記しましたが、差別をなくしたい、差別の被害者も加害者も出してはいけないと学校現場や啓発の場で、同和教育、人権教育に取り組む方々を、少しでも支援することができたら、また、子どもたちに差別と闘う勇気が届けられたらとの思いから、ＤＶＤに続き本書を制作してきました。

部落史学習においては、長らく差別の責任を単に政治だけに求め、社会を構成している自己を問い直すことのないパターン化した授業に陥っていました。研究によって「部落史の見直し」が提起され、教育の在り方も問われる中、歴史の真実に基づいた豊かな部落史学習、歴史学習を進めるためには、研究と教育の協働の取組が欠かせないと思い続けてきました。

十分であったかどうかはともかく、研究の立場と教育の立場から、子どもたちに何を伝えるのか、どのような史料を提示するのか、どのように説明するのかなど、一つひとつ時間をかけて話し合い、確かめ合って取り組めば、このような教材を生みだすことができるのだという先例を作れたのではないかと自負しています。

多忙を極める教育の現場から、快くこの企画に賛同してくださり、改めて全10巻をすべて視聴し直し、子どもたちの振返りや感想を持参して、対談に臨んでくださった岡本健さん、武田純子さん。お二人の子どもたちとのやりとりや貴重なご意見は、きっと読者の皆さんが取り組む実践の具体的な指針やヒントになることと思います。ありがとうございました。

一日でも早く学校現場に届けたいとの思いに応えて本書の出版に取り組んでくださった解放出版社の村田浩司さん、高野政司さん、無理を言ってすみませんでした。

そして、上杉聰さん、一〇年、全10巻お疲れさまでした。経歴も個性も全く異なる私たち二人が、時には新しい史料に出会い、ともに感動し、時にはその解釈をめぐって喧々諤々話し合ったこと、すべてが、私にとって貴重な経験となりました。きっとそうした貴重な経験こそが、これからの研究、教育に必要だと皆さんにも伝わっていくと思います。

二〇二三年二月

外川正明

【著者プロフィール】

上杉聰（うえすぎ・さとし）

1947年生まれ。大阪市立大学人権問題研究センター特任教授をへて、じんけんSCHOLA共同代表。主な著書に『これでわかった！　部落の歴史』『これでなっとく！　部落の歴史』『明治維新と賤民廃止令』『部落を襲った一揆』（いずれも解放出版社）など。

外川正明（とがわ・まさあき）

京都市立小学校教員から京都市教育委員会指導主事をへて、京都教育大学、鳥取環境大学教授を務めた。主な著書に『部落史に学ぶ』『部落史に学ぶ2』『教育不平等』『教育事始』（いずれも解放出版社）など。京都教育大学及び鳥取環境大学名誉教授。

岡本健（おかもと・たける）

大阪府生まれ。守口市立小学校教員。大阪教育大学中学校教員養成課程社会専攻卒業後、守口市の小学校教職員として、市内小学校に勤務。社会科教育、人権教育の実践研究に日々とりくんでいる。

武田純子（たけだ・じゅんこ）

富田林市立中学校教員。2014年よりじんけんSCHOLAの上杉講座を受講。そこで学んだ「新しい部落史」を中学生向けに指導案化し、DVDシリーズも取り入れて授業実践している。現在は校内の人権教育担当として、校内外で実践を伝える研修等も行っている。

豊かな部落史の学びのために
── DVDシリーズ「映像でみる人権の歴史」公式ガイドブック

2024年2月15日　第1版第1刷発行

著者　上杉聰、外川正明、岡本健、武田純子
発行　株式会社 解放出版社
〒552-0001
大阪府大阪市港区波除4-1-37 HRCビル3階
TEL 06-6581-8542 FAX 06-6581-8552
東京事務所
〒113-0033
東京都文京区本郷1-28-36 鳳明ビル102A
TEL 03-5213-4771 FAX 03-5213-4777
振替 00900-4-75417
ホームページ http://www.kaihou-s.com
DTP　平澤智正
印刷・製本　モリモト印刷株式会社

ISBN978-4-7592-4064-1 C0037
定価はカバーに表示しています。落丁・乱丁はお取り替えいたします。